Heike Heilmann / Rita Greine

EINFACH EINFACH!

Geniale Impulse für mehr
Leichtigkeit im Kita-Alltag

Cornelsen

Die Autorinnen:
Rita Greine war zwanzig Jahre lang als Kita-Leiterin tätig und ist ausgebildete Tanzpädagogin, Kunsttherapeutin und Gesundheitsmoderatorin. Rita Greine hält Vorträge, gibt Seminare und berät Kita-Teams zu einer Vielzahl pädagogischer Themen.
Heike Heilmann ist Erzieherin und studierte Erziehungswissenschaften, Psychologie und Soziologie in Heidelberg und Frankfurt am Main. Als langjährige Leiterin unterschiedlicher Kitas sind ihre pädagogischen Schwerpunkte innovative Teamentwicklung und Inklusion.

Redaktion: Daniela Brunner, Korschenbroich
Titelillustration: © Fotolia / jmeccadesign
Illustrationen: Katharina Reichert-Scarborough, München
Umschlaggestaltung: Babylon & Kienecker, Berlin
Layout und technische Umsetzung: LemmeDESIGN, Berlin

www.cornelsen.de

1. Auflage, 1. Druck 2017

© 2017 Cornelsen Verlag GmbH, Berlin

Druck: AZ Druck und Datentechnik GmbH, Kempten

ISBN 978-3-589-15390-9

PEFC zertifiziert
Dieses Produkt stammt aus nachhaltig
bewirtschafteten Wäldern und kontrollierten
Quellen.

PEFC
PEFC/04-31-2260

www.pefc.de

Inhaltsverzeichnis

Dieses Buch widmet Rita Greine ihrem Lebenspartner Werner
und Heike Heilmann ihrer Frau Bianca.

Einleitende Worte

In der Sprache von Surfern zu denken, impliziert eine tief sitzende Sehnsucht nach Meer, Wind und Freiheit. Surfen bedeutet Leidenschaft für die beiden Elemente Wasser und Luft, aber eben auch das Streben nach frei ausgewählter Beschäftigung. Die Bewegungen beim Surfen können fließend und leichtgängig sein – wenn Wetter und Stimmung passen, kann man in den Augen von Surfern ein glückliches Glitzern erkennen. Das Surfen ist Anstrengung und Quell der Freude zugleich, es ist verbunden mit Bewegung, Konzentration und bedingungsloser Aufmerksamkeit. Man kann sich dabei verletzten, stürzen, seinen Ängsten stellen und Grenzen austesten. Eine Welle zu reiten, sie also richtig für sich eingeschätzt und ausgewählt zu haben, bereitet einem Surfer pure Glücksgefühle. Vom Brett zu fallen wird in Kauf genommen, um zu diesem Glücksgefühl zu gelangen. Das Surfen kann man zuschauend, als Hobbysportler oder auch professionell ausüben. Irgendwie ist Surfen wie das Leben an sich, oder auch der Beruf / die Arbeit als gewichtiger Teilaspekt des Lebens: Alles, was Menschen ohne Feuer und Inspiration anpacken, wird ihnen keine Glücksgefühle oder ein freudiges Zufriedenheitsglitzern in ihre Augen zaubern. Nur, was bewegt und uns berührt, lässt innere Bilder entstehen, die von Dauer und Wertigkeit geprägt sind.

Aufgewachsen in einer Sozialisation des scheinbaren Mangels und der Gier nach immer mehr materiellen Gütern, fällt es uns Menschen schwer, uns auf das Schöne, Gelingende und Positive zu fokussieren. Bombardiert von schlechten und niederschmetternden Nachrichten geraten die guten Nachrichten in den Hintergrund. Die mediale Welt gaukelt uns ein Bild der Verwüstung, des Hasses und der Depression vor. Und bei der anhaltenden Omnipräsenz moderner Medien ist kein Ende der „bad news" in Sicht.

Wir möchten den Blick auf die Tatsache lenken, wir schön das Leben sein kann – und wie vielfältig die Möglichkeiten sind, das Leben mit Sinnhaftigkeit und Nachhaltigkeit zu füllen. In einem reichen Land wie Deutschland und mit einem großartigen Beruf wie dem einer Erzieherin, haben Sie viel Gestaltungsspielraum an Ihrem Arbeitsplatz. Klar, Luft nach oben ist immer, aber mal unter uns: Wir haben es gut!

Zumindest, wenn wir die Freiheit zur Mitgestaltung dafür nutzen, nicht selbst in das Horn des Jammerns und Klagens einzustimmen. Stattdessen lebendig und mit engagierter Persönlichkeit die Konzeption der Kita und des eigenen Lebens fortschreiben – mit dem Schalk im Nacken und das Positive fest im Blick.

Wenn wir Menschen innere Bilder benutzen, um uns Dinge zu merken, nennt man das psychologisch „Bildliches Elaborieren."
Wenn wir Ihnen nun auftragen, jetzt bitte NICHT ans Surfen zu denken, welches Bild entsteht dann zwangsläufig doch in Ihnen?
Ein Bild, das mit dem Surfen zu tun hat, richtig!
Haben wir in unserem ersten gemeinsamen Fachbuch (vgl. Greine/Heilmann, 2013) mit dem Bild der „Pippi Langstrumpf" und deren Attributen wie Kühnheit, Eigenwilligkeit und Lebensfreude gearbeitet, tun wir dies in diesem zweiten Fachbuch mit dem Bild des Surfens.

Wir möchten Sie einladen, mit uns Ihre ganz persönliche Surferseele zu entdecken.
Wofür brennen in Ihnen berufliche Leidenschaften?
Was tun Sie privat einfach sehr gerne, und können Sie davon etwas für Ihre Arbeit in der Kita aufgreifen oder anders gesagt:

- Wie lassen sich Ihre Talente, Neigungen und Hobbys zu Ihren ganz individuellen Kita-Kompetenzen professionalisieren?
- Was treibt Ihnen in der Kita ein glückliches Glitzern in die Augen?
- Welche Wellen möchten Sie reiten, aus welchem Stoff sind Ihre Träume?
- Reisen Sie gerne, haben aber dafür wenig Zeit oder Geld? Warum nicht einmal eine Familienfreizeit mit der ganzen Kita und ihren Familien organisieren und von den Erinnerungen im Alltag profitieren?
- Treiben Sie gerne Sport und sind abends einfach zu schlapp dafür? Dann ab und eine Frühsportgruppe für Kinder und Eltern in der Kita gründen!

Warten Sie nicht länger darauf, von Ihren Kolleginnen, Vorgesetzten, Eltern oder der Politik begeistert und angespornt zu werden, sondern legen Sie Ihre tief angelegte intrinsische Motivation für Ihren Beruf und Ihr Leben frei.
Machen Sie Ihr Kita-Leben frei und wild und bunt.
Surfen Sie **einfach genial** mit uns durch dieses Buch!

Rita Greine und Heike Heilmann

Übrigens: Wir benutzen im Buch fast durchgängig die weibliche Berufsbezeichnung, weil immer noch in der Mehrzahl Frauen in den Kitas arbeiten. Die (noch) wenigen Männer, die sich für diesen Beruf entschieden haben, mögen uns verzeihen und sich trotzdem angesprochen fühlen.

1

Die Kita ist ein Meer
oder Mehr an Möglichkeiten

Gestaltungsspielräume erkennen

- Wie würden Sie einem Fremden gegenüber Ihre Kita beschreiben?
- Welchen Gesichtsausdruck bekommen Sie, wenn Sie nach Ihrer Kita gefragt werden?
- Welche Gefühle und Bilder entstehen in Ihnen bei den Gedanken an Ihre Einrichtung, in der Sie beschäftigt sind?
- Gibt es eine Kita in Ihrem beruflichen Leben, in der Sie am liebsten arbeiteten, und falls ja, was waren wohl die Gründe dafür?
- Sind Sie in der Lage, auf Anhieb drei positive Kita-Arbeitsbereiche für sich zu benennen?
- Haben Sie das gute Gefühl, zur richtigen Zeit am richtigen Ort zu sein?

Um bei dem Bild des Surfens zu bleiben, möchten wir uns zu Beginn der Frage widmen, ob Ihnen die Ausübung Ihrer Tätigkeit Freude bereitet. Ein begeisterter Surfer kann es kaum erwarten, ins Wasser zu kommen mit seinem Brett. Er nutzt sein Surfbrett als Handwerkszeug, um sich in Einklang mit Wasser und Wind bringen zu können, um quasi auf dem Wasser zu gleiten, auf den Wellen zu reiten. Seine Bewegungen werden dominiert von dem Wunsch, das Gleichgewicht zu halten und innerlich wie äußerlich in Balance mit sich und seiner Umwelt zu gelangen. Der Zustand der Balance versetzt Lebewesen in angenehme Empfindungen. Dafür nehmen wir gerne Mühen auf uns und setzen unsere Energien ein. Wir Menschen sehnen uns nach Balance. Wir tun vieles, um uns angenehme Gefühle zu ermöglichen. Längst müssen wir uns nicht mehr dem täglichen Kampf ums bloße Überleben stellen, sondern jagen in privilegierten Komfortzonen nach Befriedigung unserer Bedürfnisse. Nahrung, Kleidung, Wärme und Schutz sind für die meisten Menschen der westlichen Welt absolut selbstverständlich geworden. Sie werden einfach vorausgesetzt.

Beim Surfen spielt die Sehnsucht nach Ursprünglichkeit und Naturerfahrungen eine wesentliche Rolle. Trotzdem ist auch das Surfen ein Luxussport, der in erster Linie Spaß machen soll. Es dient nicht der Lebenserhaltung, sondern der Lebensfreude. Und genau hier greift das Bild wieder in die Themen eines Fachbuchs für Erzieherinnen, finden wir.

Natürlich verstehen viele Fachkräfte ihren Job in einer Kita als Broterwerb. Und Broterwerb heißt nichts anderes als ein Mittel zur Lebenserhaltung, um die sogenannten Lebenshaltungskosten für Miete, Lebensmittel, soziale Absicherung usw. zu verdienen. Aber eine der hauptsächlichen Gründe dafür, den Beruf der Erzieherin zu wählen, liegt in dem Wunsch nach beruflicher Erfüllung. Dass die Arbeit Freude bereitet. Dass die Arbeit mit Kindern eine sinnvolle Aufgabe darstellt. Dass sich neben den Lebenshaltungskosten eben auch Lebensfreude und Befriedigung einstellen bei dem, was man in der Kita leistet. Kaum eine pädagogische Fachkraft nennt als Hauptmotiv für ihre berufliche Entscheidung die finanzielle Vergütung. Im Gegenteil. Nach wie vor wird der Frauenberuf schlecht bezahlt. Was kann dann motivieren? Was lässt den Beruf nicht „aussterben"? Was führt immer wieder junge Menschen dazu, Erzieherin zu werden?

Ähnlich dem Surfer glaubt auch die Erzieherin, sich in ihrem Beruf verwirklichen zu können. Sie brennt darauf, sich und ihre Ideen auszuprobieren. Sie möchte leidenschaftlich gerne nach ihrer Ausbildung in die Welt der Praxis eintauchen. Sie ist gespannt auf die Abenteuer im Meer einer Kita, sie möchte endlich die ersten Wellen reiten, und sehnt sich nach Erfolgserlebnissen in der Anwendung ihres theoretischen Fachwissens. Sie möchte sich ausprobieren, trainieren, optimieren. Während der Surfer seinen Platz in der sportlichen Welt sucht, ersehnt sich die Erzieherin eine berufliche Heimat. Beide – Surfer und Erzieherin – möchten ein „gutes Gefühl" bei dem, was sie tun. Dieses Wohlgefühl, diese Balance von Tätigkeit und angenehmen Empfindungen zu erreichen und zu halten – das ist die innere Triebfeder, die uns Menschen antreibt.

Machen wir uns das klar, erkennen wir wie wichtig es ist, für sich selbst zu wissen, was einem gut tut. Und zu wissen, was man will. Und wohin man will.

So wie ein Surfer sich für ein Surfrevier entscheidet, liegt es auch an den Fachkräften selbst, sich ein Kita-Revier auszusuchen. Mancher Surfer bevorzugt einen Süßwassersee. Dort kann ohne große Wellen gesurft werden, und natürlich auch ohne die mystische Gefahr, beim Surfen von einem Hai attackiert zu werden. Andere Surfer bevorzugen das Surfen im Meer. Sie lieben das Salzwasser auf ihrer Haut, die salzige Luft, die ihre Lungen füllt und brauchen die Macht der Wellen, um sich in Einklang zu sich selbst zu bringen. Es gibt Surfer, die extrem reiselustig durch die Surfwelt reisen, immer offen für neue Gefilde und Bedingungen, sich in ihrem Sport auszuprobieren. Genauso lassen sich Erzieherinnen unterscheiden in standorttreue Kolleginnen, deren Hauptkriterium für eine Arbeitsstelle die Wohnortnähe darstellt oder das bekannte Umfeld aus diversen Praktika. Nach dem Motto, „… das kenne ich und da weiß ich, was mich erwartet!" Die Pionierinnen unter den Fachkräften sammeln hingegen Auslandserfahrungen als Aupairs oder Ähnliches, oder versuchen sich bewusst in unterschiedlichen Arbeitsfeldern wie Jugendhilfe, Hort, Heim oder Animation auf einem Kreuzfahrtschiff. Surfer und Erzieherinnen haben eine ganze Reihe an Auswahlmöglichkeiten.

Das individuelle Naturell eines jeden Menschen bestimmt letztlich über seine Entscheidungen im Leben. Worin können Sie sich wiederfinden, welche Begriffe treffen auf Ihr Wesen am ehesten zu?

- Mutig,
- konventionell,
- konfessionell verankert,
- unruhig,
- die Gefahr liebend
- oder kontrollfreakig,
- familiär eingebunden,
- privat einsam und zurückgezogen,
- vielseitig interessiert
- und immer auf der Suche nach Neuem?
- Oder ängstlich,
- ziemlich „gebeutelt" vom Leben,
- berufliche Quereinsteigerin,
- politisch engagiert,
- ehrgeizig und willensstark,
- teamfähig und tolerant,
- frisch verliebt …

Auch die geografische, historische und genetische Prägung spielen eine gewichtige Rolle – bei Surfern wie bei Erzieherinnen. Sie können in Ihrer räumlichen Heimat Groß-, Kleinstadt oder Dorf positiv verwurzelt sein, oder gerade diesem Milieu unbedingt entfliehen wollen. In Ihrer Verwandt- und Bekanntschaft können sich Erzieherinnen befinden, die Sie bereits früh und nachhaltig mit diesem Beruf in Berührung brachten. Sie können aber auch mit Ihrer Berufswahl einen bewussten Anti-Trend zu ihrem sozialen Umfeld setzen wollen oder selbst aufgrund negativer Kindergartenerlebnisse vorhaben, es selbst besser zu machen. Und schließlich können Sie in sich schon immer das Bedürfnis verspürt haben, für andere Menschen da sein zu wollen. Wahrscheinlich haben die Bereiche Erziehung, Familie, Psychologie und Soziologie eine starke Anziehung auf Sie ausgeübt. Den mitmenschlichen Phänomenen auf den Grund zu gehen, dürfte Sie motiviert haben, sich viele Gedanken um Ihre familiäre Herkunft und um zwischenmenschliche Beziehungen generell zu machen. Ein gewisser Hang zur Nachdenklichkeit und ein innerer Antrieb zur Reflexion menschlichen Handelns durchzieht höchstwahrscheinlich Ihre Biografie.

Es ist folglich kein Zufall, dass Sie in einer Kita gelandet sind.

Und dann ist es doch sinnvoll, sich zu fragen, was die Kita mit Ihnen und Ihrer Persönlichkeit zu tun hat. Und was die Arbeit in einer Kita Ihnen und Ihrer Persönlichkeit bringt. Ja, Sie lesen richtig. Nicht nur Sie sollen per Arbeitsvertrag Ihrer Kita und Ihrem Arbeitgeber Leistungen bringen. Auch Ihnen sollte Ihre Arbeit – neben der Entlohnung – etwas bringen. Und zwar im positiven Sinne.

Die Kita-Landschaft ist kein starres Gefüge. Trotz verbindlicher Standards und rechtlicher Vorschriften, sind die allermeisten Einrichtungen strebsam darauf bedacht, sich einen individuellen „Touch" zu bewahren. Mit Händen und Füßen weigert man sich seit vielen, vielen Jahren gegen eine Vereinheitlichung aller Kitas unter den Deckmänteln der Bildungspläne.

Und genau hier kommen Sie, liebe Leserin, auf den Plan. Der Drang nach Einzigartigkeit, Bestätigung, Erfolg und Anerkennung Ihrer Kita als besonders engagiert oder beliebt, kann Ihnen und Ihrer Kita Flügel verleihen. Muss man dafür den Anforderungen der Bildungspläne genügen? Muss man dafür den pädagogischen Trends nach immer mehr Bildungseinheiten aufsitzen? Muss man dafür sich selbst und seine Gesundheit aufs Spiel setzen?

Wir sagen entschieden: Nein!

Sie müssen gar nichts. Außer irgendwann einmal sterben. Der Tod ist sehr demokratisch und zuverlässig: Er holt uns alle.

Aber bis das für Sie und für uns so weit ist, haben wir noch ganz viel Zeit und Möglichkeiten der Gestaltung. Ob das im Leben ist, mit Entscheidungen für oder gegen Partnerschaften. Oder den Entscheidungen, wo und mit wem wir leben und arbeiten möchten. Wir dürfen uns Hobbys aussuchen. Wir können reisen. Wir haben Zugriff auf die weltgrößte Bibliothek, das Internet, und können uns alles Wissen aneignen. Wir entscheiden uns für Werte, für die einzusetzen es sich in unseren Augen lohnt. Jeder Mensch trägt seinen Anteil bei zur Gestaltung seiner Lebensreise.

Und wenn Sie sich beruflich für eine Kita entschieden haben, dann möchten wir Sie beglückwünschen zu dieser **einfach genialen** Entscheidung. Denn Sie wählen eine großartige, komplexe und sinnvolle Tätigkeit, die zudem noch gesellschaftspolitisch von großer Bedeutung ist und aktuell mit den Herausforderungen der Flüchtlingsbewegungen fertig werden muss. Der Bedarf an guten und engagierten Erzieherinnen wie Ihnen und uns wächst tendenziell stark an. Wie gut es da doch ist, innerhalb der Kita und seiner Bildungs- und Betreuungsverantwortung ein Wörtchen mitreden zu können, oder?

Ressourcen nutzen und Kräfteräuber entlarven

Eine Kita steht niemals alleine für sich. Sie ist stets eingebunden in ein System aus verschiedenen Ressorts, die gemeinsam für den Betrieb Sorge tragen. Das Zusammenwirken dieser Ressorts sollte von Zeit zu Zeit einer Prüfung unterzogen werden, finden wir. Kein Träger, der einmal ein guter Träger war, muss zwangsläufig immer ein guter Träger bleiben. Das Personal in der Verwaltung kann wechseln, die Strukturen und Zuständigkeiten sind Wandlungen ausgesetzt und nicht zuletzt kann sich die politische Landschaft verändern. „Der Mensch ist ein Gewohnheitstier", spricht eine Volksweisheit. Darum empfindet er es als durchaus angenehm, sich auf Sicherheiten verlassen zu können. Das erleichtert Tagesabläufe und Gehirnleistungsdruck erheblich. Wer sich ständig auf neue Menschen, Strukturen und Abläufe oder geänderte Zuständigkeiten einstellen muss, gerät leicht in negativen, sprich überfordernden, Stress. Arbeiten Sie nun in einer Kita, die in einem solchen Spannungsgefüge mit Ihrem Träger lebt, wirkt sich das natürlich auf Sie und Ihre Kolleginnen aus. Ihre Flexibilität, aber auch Ihre Geduld und Ausdauer, werden hier zu den wichtigsten Gütekriterien gelingender Zusammenarbeit.

Das ist, als wenn sich beim Surfen dauernd die Bedingungen ändern. Hohe Wellen, die mühsam erklommen werden, um darauf zu reiten, werden abgelöst von noch höheren Wellen. Sie haben kaum Zeit zu verschnaufen, unaufhörlich türmt sich Welle um Welle auf. Um nicht unterzugehen, strampeln Sie, zu allem sind da noch die starken Winde und die Gefahr, ins offene Meer abgetrieben zu werden. Da ist dann keine Zeit zum Schön-Surfen, tolle Sprünge vollführen oder die Zuschauer am Strand mit kühnen Geschwindigkeiten zu beeindrucken. Da geht es ums blanke Überleben in den Naturgewalten!
Egal ob Träger oder Eltern oder Politik – sie alle können Naturgewalten sein, die Ihnen in der Kita alles abverlangen. Am schlimmsten ist es, wenn sämtliche Naturgewalten gleichzeitig an der Kita zerren, die Stürme von mehreren Seiten über Ihnen hereinbrechen und Ihnen vor lauter Seegang ganz schwindelig wird.

Einfach geniale Erkenntnis: Es kann nur **eine** Priorität geben!

In einer Reihenfolge von Aufgaben kann nur eine davon an oberster, dringlichster, erster, wichtigster Stelle stehen. Diese eine Aufgabe hat dann Priorität, also Vorrang, und wird erledigt. Die Annahme, es könne mehrere Prioritäten zur gleichen Zeit geben, widerspricht sogar der eigentlichen Bedeutung des Wortes.
Und selbst wenn man die Aufgaben statt Aufgaben fälschlicherweise als Prioritäten bezeichnet, ändert dies nichts an der Beschaffenheit des menschlichen Gehirns. Je mehr Prioritäten Sie glauben, parallel erledigen zu müssen, umso größer wird die Belastung sein, die Sie dabei verspüren. Der Druck in Ihrem Inneren wächst. Sie verkrampfen sich,

Ihre Muskeln ziehen sich schmerzhaft zusammen. Ihre Anspannung und Ihre Rastlosigkeit führen zu Fehlleistungen und Unruhe.

Sicher haben Sie das an sich selbst oder Ihren Mitmenschen schon einmal beobachtet: Beim Versuch, mehrere Dinge gleichzeitig zu erledigen, muss man letztlich bei fast allem erhebliche Abstriche machen. „Ich weiß gar nicht, wo mir der Kopf steht" mündet dann in ein: „Ja, ja, … – ich schaffe das schon auch noch …", um zum Schluss des Tages in einem ermüdeten: „Eigentlich weiß ich gar nicht, was ich heute getan habe. Ich habe das Gefühl, es ist nichts erledigt", zu enden.

Wie schade, finden Sie nicht auch?

Ironischerweise wird in dem Bereich Kita ja gerne der Begriff „Ressourcen" verwendet. Damit wird der halbherzige Versuch unternommen, dem Kräfteräuber Mulitasking einen Hauch von Glamour zu geben. Denn selbst die größten vorhandenen Energien und Leistungspotenziale erschöpfen sich irgendwann einmal. Ein leerer Ressourcen-Akku benötigt eine Pause und eine Aufladestation. Auf einer Erfolgswelle reiten können nur Surferinnen und Surfer mit einem hohen Energielevel, sprich mit einem gut gefüllten und genährten Antriebsmotor. Arbeitsgriffe und Arbeitsabläufe müssen gut aufeinander abgestimmt sein, die Hände „wissen", was zu tun ist. Herz, Hirn und Körper arbeiten zusammen, quasi Hand in Hand, um die schwierigen Bewegungsabläufe miteinander zu koordinieren. Wie bei einem analogen Uhrwerk greifen die einzelnen Rädchen ineinander, um schließlich die Zeiger am Laufen zu halten. In Momenten, in denen sich eine Arbeit oder Sache „rund" und „fließend" anfühlt, man sich sozusagen in einem „Flow"-Zustand befindet, ist alles gut. Man fühlt keinen Stress oder unangenehmen Druck, auch keine Hektik oder kein Zeitdruck macht sich in einem breit.
Sind allerdings die „Kräfteräuber" am Werk, sieht das ganz anders aus. Kräfteräuber zerren an uns und sind darauf aus, uns Energie zu rauben. Sie stressen uns Menschen und versuchen, in unser Inneres vorzudringen. Äußere Kräfteräuber geben sich alle Mühe, sich in unserem Inneren gemütlich einzunisten, sodass wir irgendwann denken, sie seien ein integrierter Teil unseres Selbst. Äußere Kräfteräuber sind am Ziel ihrer Träume, wenn wir sie verinnerlicht haben und aus ihnen kleine Glaubenssätze gebildet haben, die wir sogar verteidigen gegenüber gut gemeinten Ratgebern, die uns ent-stressen wollen.

Hier ein paar typische Kita-Glaubenssätze:
● Das ist in jeder Kita so.
● Das war bestimmt wieder die Schantalle!
● Eigentlich kann sich die MUTTER nicht lösen.
● Dann muss halt ich mal wieder den Spätdienst übernehmen.

- Das können wir echt nicht bringen, die Eltern flippen aus!
- Ich tue es für die Kinder.
- Wir brauchen dringend bessere Absprachen.
- Ich kann es halt nicht allen recht machen.
- Immer muss ich mich rechtfertigen vor den Eltern.
- Keiner im Team kennt mich wirklich.
- Ich will privat und Job lieber sauber trennen.
- „Seid doch mal leiser …", schreie ich lauthals.
- So, jetzt räumen wir alle zusammen auf.
- 1, 2, 3, …, 25 – ein Glück, sind noch alle Kinder da.
- Hast du mal eine Minute für mich?

Oder kennen Sie dieses Phänomen?

„Da ist Telefon für dich …" Mit diesen Worten drückt eine Kollegin Silvia das Mobilteil in die Hand. Bei dem Geräuschpegel im Gruppenraum hat Silvia Mühe, die Worte ihrer Kollegin zu verstehen. Trotzdem übernimmt sie brav den Hörer und meldet sich mit ihrem Namen, während sie die freie Hand auf ihr anderes Ohr presst, um ihre Aufmerksamkeit dem Anrufer zuzuwenden. Eigentlich versteht sie nur einzelne Wörter und reimt sich das Anliegen des Anrufers daraus zusammen. Scheinbar soll Karlotta statt morgen erst am Freitag ihren Geburtstag in der Kita feiern. Verzweifelt fragt Silvia mehrmals nach, ob sie das richtig verstanden habe. Denn der Anrufer, Karlottas Vater, gilt als höchst anspruchsvoll und schwierig. Silvia möchte sich keine Elternbeschwerde mehr einfangen und verspannt ihre Rückenmuskulatur, als Karlottas Vater ungeduldig seine Worte wiederholt. Silvia versteht trotzdem nicht wirklich alles, es ist einfach zu laut um sie herum. Am liebsten würde sie einfach auflegen. Aber das geht ja nicht.

Warum eigentlich nicht, frage ich Sie?

Was könnte denn alles passieren, wenn Silvia sagt: „Ich kann Sie leider nicht verstehen, wir müssen das anders klären", und dann einfach auflegt?
Es könnte ja auch ein willkommener Anlass dafür sein, sich als Team neu mit der Thematik der permanenten Erreichbarkeit zu beschäftigen. Und es würde in der Praxis schon ausreichen, den Gedanken in einer Teamsitzung mal laut zu äußern: „Am liebsten hätte ich einfach aufgelegt!" Sich einzugestehen, dass man zu einer Tätigkeit wie dem spontanen Telefonieren einmal keinerlei Motivation und Gelegenheit verspürt, ist der erste Schritt, sich die Kräfteräuber des Alltags ins Bewusstsein zu rufen.

Erkenntnis ist der erste Schritt zur Besserung!

Jede Kita kann sich neu erfinden!

Eingangs sprachen wir die Gestaltungsspielräume an, die jeder Kita innewohnen. In diesem Begriff stecken drei Aspekte:

1   Gestaltung durch gestalten.
2   Spiel durch spielen.
3   Räume durch räumen.

Hierbei werden architektonische und bauliche Komponenten ebenso angesprochen wie ideelle und praktische Visionen einer modernen Bildungs- und Betreuungseinrichtung für Kinder. Wenn Sie in Ihrer Kita also von Gestaltungsspielräumen sprechen, können Sie mit den Begriffskomponenten experimentieren. Spielen Sie unterschiedliche Möglichkeiten durch, wie Räume, Rahmenbedingungen, die pädagogische Arbeit, das Miteinander im Team oder verschiedene Regelwerke verändert werden könnten. Seien Sie visionär, stellen Sie sich Ihre Kita in neuem Gewand vor. Formulieren Sie für sich Wünsche und Ziele, die Sie gerne in der Kita verwirklichen würden. Mal angenommen, Ihre Kita ist eine Insel im Meer der Möglichkeiten … – Wie sollte diese Insel aussehen, was sollte sie Ihnen bieten, damit Sie sich auf ihr wohl und sicher, aufgehoben und beheimatet fühlen?

Sicher werden Sie sich Menschen auf Ihrer Kita-Insel wünschen. Menschen brauchen Menschen um sich herum, sie benötigen soziale Kontakte, Austausch, Berührungen und Anregungen, um sich wohl zu fühlen mit sich und dieser Welt. Zudem sind Wasser, Luft, Nahrung, Wärme und ein Gefühl von Sicherheit notwendig, um sich auf der Kita-Insel wohlfühlen zu können. Auch Sonnenlicht trägt zur menschlichen Gesundheit bei. Luxusgüter sind dann schon Dinge wie Lebensfreude, Hobbys, Spaß oder Eigentum. Wie groß sollte sie sein, Ihre Insel-Kita, wie viele Kinder und Kolleginnen wünschen Sie sich? Möchten Sie eine „all inclusive" Einrichtung, in der Sie sich um nichts Organisatorisches kümmern müssen? Ein Ort, an dem sich Swimmingpools, Ruhebereiche, Wellnessangebote und Spielplätze für die Kleinen die Hand reichen? Sie könnten in aller Ruhe Ihrer pädagogischen Arbeit nachgehen, hätten ausreichend Zeit für Planung, Durchführung und Reflektion, und zudem noch ein hochmotiviertes Team an Ihrer Seite, das interdisziplinär (was sonst …) nach optimaler Förderung der Kinder miteinander kooperiert. Entspannte Eltern unterstützen Sie, wo es notwendig ist. Ihrem Träger dient Ihre Insel-Kita als Modellprojekt für den Bau weiterer Insel-Kitas, wodurch Sie ein sehr positives Image in der Öffentlichkeit besitzen.

Oder wäre Ihre Insel-Kita lieber ein kleines, überschaubares Häuschen mit einem Garten voller Palmen, Hängematten und wilden Blumenwiesen? Lavendelfelder umgeben Ihre Kita, es duftet nach Urlaub, Bienen summen und liefern köstlichen Lavendelhonig, den die Kinder auf frisch gebackenem Brot verzehren? Schon die Kleinsten erlernen das Schwimmen und Windsurfen, sie werden auf dem Wasser groß, sind beweglich und stets an der frischen Meeresluft. Sie strotzen nur so vor Gesundheit, sind wagemutig und frei in ihren Anschauungen, sie erfreuen sich an und leben mit der Natur, gemeinsam mit den Erzieherinnen bauen sie sich Strandhütten und Sandburgen, sie entdecken Wälder und sammeln Früchte und Nüsse für die gemeinsamen Mahlzeiten und lernen frühzeitig, mit Gefahren wie Feuer, Sturm oder Strömungen umzugehen. Die Eltern arbeiten auf umliegenden Arbeitsinseln und sind jedes Mal froh, ihre Kinder ausgepowert und glücklich von ihrer Insel-Kita abzuholen. Gemeinsam fahren sie dann in ihren bunten Familienbooten zu ihren Familieninseln, um ihre Freizeit mit ihren Liebsten daheim zu verbringen.

Um sich seine Insel-Kita oder Kita-Insel gedanklich vorstellen und ausmalen zu können, bedarf es von Ihrer Seite aus einer gehörigen Portion Mut, Offenheit und Fantasie. Aber gerade der kreative Bereich schlummert in jeder Erzieherin, Leiterin oder sonstigen pädagogischen Fachkraft. Leider tut er dies in ziemlich vorgezeichneten Bahnen. Die kreative Ader tobt sich dann im Basteln von Laternen oder dem Bemalen von Fensterscheiben mit Fingerfarbe aus. Dabei entspringt Kreativität der Fantasie, also dem Vorstellungsvermögen. Die Gedanken und Emotionen fließen lassen, Ideen freien Lauf lassen und bisherige Grenzen aufbrechen in einer gedanklichen Welt … – Das sind Aspekte, die im täglichen Einerlei verloren gehen können. In einem „so tun als ob"-Modus jedoch sind Menschen in der herrlichen Lage, Sehnsüchte und Wünsche in die Tat umzusetzen und so ihren Träumen Flügel zu verleihen. Kindliche Rollenspiele ergeben erst dadurch einen Sinn, wenn man den ganzen „so tun als ob"-Aussagen als Basis der kindlichen Interaktionen während des Rollenspiels die größte Bedeutung zumisst.

- „Du wärst jetzt der Vater …",
- „… und dann kämst du von der Arbeit …",
- „… ich wäre die Mama und hätte gekocht …",
- „… und unser Kind wäre schon im Bett …",
- „… der Papa wäre noch einkaufen gegangen …!"

Die Unterhaltung findet im Konjunktiv statt und wird nicht selten von angedeuteten Gesten und Handlungen der beteiligten Kinder begleitet. Die VORSTELLUNG davon, was geschehen KÖNNTE oder SOLLTE ist dabei wichtiger als die szenische Umsetzung selbst. Während des Tuns entwickeln die Kinder ihre Ideen und spinnen diese im „so tun als ob" einfach weiter. Ihre Fantasie, ihre Vorstellungskraft beflügelt sie zu immer neuen Gedanken. Bewegen sie sich in einem sicheren und störungsfreien Rahmen, geraten Kinder in einen regelrechten „Flow". Sie gleiten hochkonzentriert von Gedanke zu Gedanke, sie reihen ihre Ideen aneinander, stimmen sich aufeinander ab, sind hoch engagiert und emotional eingebunden in ihre Gedankenwelt. Sie sind in einer Welt für sich.

Den meisten Erwachsenen sind Rollenspiele ein Graus. Ihnen sicher auch, oder?

Warum ist das eigentlich so?

Nun, wir Erwachsenen geraten nicht mehr einfach so in einen „Flow". Dafür sind wir zu verkopft, zu kontrolliert und haben selten Rahmenbedingungen, in denen wir uns störungsfrei und sicher unserer Fantasie hingeben können. Jedenfalls beruflich gesehen. Doch sollte es nicht gerade in den Räumen einer Kindertagesstätte möglich gemacht werden können, genau dort queren/kontroversen/verrückten/atypischen oder verwegenen Gedanken mehr Raum zu geben?

Gebt den Kitas ein Meer / Mehr an Fantasie, liebe Erzieherinnen!

In unseren Kitas sollten Menschen arbeiten, die eine tief sitzende Begeisterungsfähigkeit für das Leben in sich tragen. Menschen, die gerne kreativ sind. Menschen, die gerne (nach-)denken. Menschen, die Freude haben an geistiger, psychischer und körperlicher Bewegung. Menschen, die gerne lesen und die Welt bereisen. Menschen, die sich gerne immer wieder neu entdecken, sich weiterentwickeln möchten und auf der Suche sind nach Lösungen. Für die Kinder in den Kitas ist jeder Tag neu. Jeder Morgen ist ein neuer Morgen. Die Jahreszeiten sind neu für sie. Zahlen sind neu für sie. Sprache wird im Miteinander entdeckt, erste tiefe Freundschaften werden durchlebt. Seinen Namen schreiben zu können wird zu einem Großereignis für ein Kita-Kind; ebenso der Moment, zum ersten Mal ohne Stützräder ein Fahrrad lenken zu können. Zu den großen Vorschulkindern zu gehören verheißt schlaflose Nächte, weil die Kinder aufgeregt sind und sich Gedanken machen, was da auf sie zukommt.

Für die Erzieherinnen ist das nur zu Beginn ihrer beruflichen Laufbahn neu. Im Laufe der Jahre werden Tagesthemen zu notwendigen Arbeitsaufträgen, die fünfte Vorschulgruppe erfährt dann ein bereits altbewährtes Vorschulkonzept, lediglich das Ziel des Abschlussausflugs variiert von Jahr zu Jahr.

Langeweile und Routine klopfen an die Kita-Türen. Ein Leben im Jahreskreis läuft wie ein Uhrwerk durch das Kita-Jahr und scheint die Vorgaben zu liefern, die den Kita-Alltag strukturieren. Doch während es für das bunte Team aus Mitarbeiterinnen der zwanzigste, dreißigste oder gar vierzigste Frühling, Sommer, Herbst oder Winter ist im Leben, ist es für die Kita-Kinder erst ihre erste, zweite, dritte, vierte, fünfte, sechste Jahreszeit in ihrem jungen Leben. Sicher kennen Sie die folgenden Sätze nur zu gut:

- „Zieh' dir eine Jacke an, wir haben immer noch Winter!"
- „Du kannst ruhig deine Jacke ausziehen, jetzt scheint doch die Sonne!"
- „Es ist alles nass draußen vom Regen, also Matschhosen anziehen!"
- „Das bisschen Regen macht nichts aus, ihr braucht heute keine Matschhosen anzuziehen!"
- „Wo sind denn deine Mütze und dein Schal? Es ist kalt draußen!"
- „Du kannst die Mütze und den Schal ausziehen, wir haben doch Frühling!"
- „Gehe lieber in den Schatten, sonst bekommst du noch einen Sonnenbrand!"
- „Heute gehen wir gleich raus und nutzen die wärmende Frühlingssonne!"

Was uns Erwachsenen klar und angemessen erscheint im Laufe des Jahreskreises, ist für Kinder häufig ganz anders. Ihre Kleidung und ihr Verhalten zu unterschiedlichen Jahreszeiten wird durch ihre erwachsene Umgebung maßgeblich beeinflusst, wir regeln quasi wie die Wetterfrösche alles für die Kinder. Und dabei scheint den Erwachsenen Kleidung, Nahrungsaufnahme und Pflege bei den Kita-Kindern VIEL wichtiger zu sein als den Kindern selbst. Viele Stunden und volle Aufmerksamkeit widmen Eltern und Erzieherinnen den Fragen nach angemessener und kompletter Kleidung, ausreichender Flüssigkeits- und Nahrungsaufnahme und gepflegtem Äußeren der Kita-Kinder.

MUSS das so sein? Ginge das auch anders?

Ist das vielleicht auch eine Pädagogik an den Kindern vorbei?

Er-ZIEHEN wir die Kinder in unsere Richtung?

Deutlich wird das auch beim durchstrukturierten Tagesablauf. Klar gibt dieser den Kindern Halt und Orientierung. Sie lernen zeitliche Strukturen kennen und werden auf die gesellschaftlich gelebten Normen und Alltage vorbereitet. Doch profitieren nicht in erster Linie wir Erwachsenen von den gelebten Strukturen?
In Deutschlands Kitas sind zumeist um 11 Uhr am Morgen alle Gruppen draußen und bevölkern das Außengelände. Danach ist das Essen um die Mittagszeit fester Bestandteil der Tagesstruktur.

Probieren Sie es spaßeshalber mal aus, gleich um 9 Uhr nach draußen zu gehen mit den Kindern. Während andere Gruppen im Gruppenraum sind, bewegen sich Ihre

Kita-Kinder am frühen Morgen im Außengelände und haben alle Spielbereiche und Spielmaterialien für sich. Wenn Sie gegen 10:30 Uhr kundtun, dass sie alle gemeinsam wieder nach drinnen gehen, werden viele Ihrer Kita-Kinder das gleichsetzen mit:

„Gibt's jetzt Mittagessen …?!"

Die Kita-Kinder sind konditioniert auf bestimmte Abläufe. Weil wir Erwachsene diese Abläufe derart ritualisiert haben, dass Ausnahmen nicht vorkommen. Wir möchten Sie animieren, auch mal wieder auszubüxen. Durchbrechen Sie ritualisierte Abläufe in Ihrer Kita, indem Sie deren Sinnhaftigkeit und Notwendigkeit kritisch hinterfragen. Gehen Sie mit offenen Augen und offenem Herzen durch die Räume Ihrer Einrichtung, lassen Sie Ihrer Inspiration und Ihrer Kreativität freien Lauf. Wo könnten Sie sich Veränderungen vorstellen? Was weckt in Ihnen Assoziationen, Emotionen, kreative Ideen?

Dasselbe gilt für die Umgebung Ihrer Kita, entdecken Sie die Straßen, Menschen und Geschäfte in Kita-Nachbarschaft. Da befindet sich ein Seniorenheim, dort ein italienisches Restaurant und dahinter die Stadtbücherei. Ach ja, eine Eissporthalle, ein Park, eine neu eröffnete Krippe, eine Buchhandlung und ein Supermarkt sind ebenfalls gut zu Fuß erreichbar. Und in der Turnhalle und den Hochhäusern ein paar Straßen weiter sind Flüchtlingsfamilien untergebracht, das stand in der Zeitung und ist Gesprächsthema bei den Kita-Familien.

Warum dort nicht einfach mal vorbeischauen?

Gehen Sie hin zu den Gebäuden und lernen Sie die Menschen, die sich dort aufhalten, kennen. Machen Sie den ersten Schritt raus aus dem Alltag voller scheinbarer Hindernisse und Beschränkungen. Es kann doch eigentlich nicht wahr sein, dass manche Erzieherinnen jahrelang in einer Kita arbeiten und deren Umgebung nicht kennen. Denn die Kita-Umgebung ist die Welt der Kita-Kinder und ihrer Familien!
Von daher sollte es Pflichtprogramm werden in Ihrer Kita, dass die Mitarbeiterinnen ihren Bewegungsradius steigern und sich auf den Weg machen aus zu viel Routine und – auch wenn das jetzt der einen oder anderen Kollegin weh tut – aus zu viel Bequemlichkeit. Das Bild der kaffeetrinkenden und sitzenden Erzieherin ist (leider) nicht umsonst zu einem Klischeebild geworden.

Lassen Sie uns dagegen etwas tun, liebe Erzieherinnen!

Und das nicht durch Vorgaben aus irgendwelchen Bildungsplänen oder politischen Anforderungen, sondern aus uns heraus. Wir sehnen uns nach Kitas, in denen wir uns wohlfühlen. Kitas, in denen sich Kinder wohlfühlen. Kitas, die Familien einladen und deren Mitarbeiterinnen es gut akzeptieren können, wenn Eltern diese Einladung ausschlagen. Eltern, die sich in der Kita ihres Kindes nicht wohlfühlen. Eltern, die stattdessen sogar unzufrieden sind mit der Arbeit der Kita. Eltern, die meckern, stressen, streiten, kämpfen … – Eltern, die sich (selbst) be-SCHWEREn. Schenken Sie diesen Kräfteräubern ab sofort nur noch ganz wenig Ihrer tollen Energien. Lassen Sie diese Kräfteräuber los in den Kosmos, befreien Sie Ihre Kita von der Last der Beschwererinnen und Beschwerer. Gewinnen Sie an Leichtigkeit, indem Sie für sich oder im Team beschließen, sich und Ihre Kita neu zu erfinden.

Was können Sie tun, liebe Leserin, um diese Fragen mit einem Ja zu beantworten?

- Fühlen Sie sich wohl mit Ihrer Beschäftigung?
- Sind Sie gesund und arbeitsfähig?
- Gehen Sie in der Regel gerne zur Arbeit?
- Haben, verfolgen und erreichen Sie dort berufliche Ziele?
- Werden Ihre beruflichen Wünsche und Ansprüche von der Wirklichkeit erfüllt?
- Sind Sie mit sich und Ihrer Kita im Einklang?
- Nehmen Sie sich die Freiheit zu unkonventionellen Experimenten?
- Übernehmen Sie gerne die Verantwortung für Ihre Ansichten?
- Trauen Sie sich etwas Großartiges zu?
- Kennen Sie alle Räume, Bereiche und Materialien Ihrer Kita?
- Ist Ihnen die nähere und weitere Umgebung Ihrer Kita bekannt?
- Ist es nicht länger als ein halbes Jahr her, dass Sie in Ihrer Kita etwas Verrücktes gewagt haben?
- Mögen Sie Pippi Langstrumpf?
- Üben Sie die meisten Dinge, die Sie für Kinder wichtig halten, auch selbst in Ihrem Leben aus (Bewegung, gesunde Ernährung, Zahnpflege, Literacy, Freundschaften pflegen, Lernfreude, Singen, Spielen, Wissenserweiterung, Bauen und Erschaffen, Malen, Basteln, Backen und Kochen, Feste feiern, Gespräche, Konflikte lösen, Gruppenzugehörigkeit, Projekte, Dokumentationen, Sammeln, im Freien sein, Ausflüge, guter Umgang mit Medien, Stärken und Talente ausleben …)?
- Sind Sie neugierig auf die nächsten Wochen, Monate und Jahre Ihres Berufslebens?
- Freuen Sie sich auf Ihre nächsten Arbeitstage?
- Glauben Sie daran, etwas in Ihrer Kita positiv verändern zu können?
- Haben Sie „Verbündete" in Ihrem Team, die zu Ihren Mitgestalterinnen werden könnten?
- Möchten Sie dieses Buch weiterlesen und neue Impulse erhalten, mit Ihrer Kita neue Wege zu gehen?

Na, dann machen wir uns einmal gemeinsam auf den vorfreudigen Weg und surfen zu den besten Revieren der Möglichkeitswellen. Denn es gibt viel mehr Freiheiten zur Gestaltung als Sie bisher dachten, vertrauen Sie uns!

1.1
Der geniale ALOHA-Effekt

Wortbedeutung: Was meint „einfach" und „genial"?

Der Buchtitel entstand unter anderem aus dem Grund der Wortbedeutungen von „einfach" und „genial", die in ihrer Kombination ausdrücken, was wir Autorinnen als Botschaft transportieren möchten.

In dem Kinofilm „Birnenkuchen mit Lavendel"[1] unterstreicht dies eine der Lieblingsaussagen der autistischen Rollenfigur namens Pierre. Pierre liebt klare Strukturen und Ordnungen, er ist unkonventionell und voller kindlicher Naivität. Seine Weltsicht ist einfach, und wenn Schwierigkeiten auftauchen, sagt er:

„Es ist gar nicht so kompliziert!"

Genau das ist auch unsere Kernaussage im vorliegenden Buch: Das Kita-Leben ist gar nicht so kompliziert, wenn man/frau es sich einfach genial macht!

Und zwar „einfach" im Sinne von:

leicht	ohne Mühe lösbar	unkompliziert	nicht schwierig
einleuchtend	einsehbar	eindeutig	ohne großen Aufwand
schlicht	bescheiden	nur einmal gemacht	durchführbar

„Genial" im Sinne von:

bahnbrechend	begabt	befähigt	begnadet	Berufe
einfallsreich	erfindungsreich	geistreich	hochbegabt	
talentiert	intelligent	produktiv	originell	
ausgezeichnet	blendend	erstklassig	fantastisch	

… Aber auch im übertragenen Sinne von:

lustvoll	lebenslustig	zackig	übersichtlich	sinnvoll
individuell	anregend	lustig	neu	unangepasst	stilecht
unbedarft	spielerisch	aufgeschlossen	interessiert	arglos
entschlossen	reflektierend	innovativ	grenzenlos	ausprobierend
	selbstbewusst	zielsicher	wohlwollend	fair

---

1   Vgl. Film von Eric Bersnard aus dem Jahre 2016, der auf liebevolle Art über die zauberhafte Anziehungskraft zwischen Menschen erzählt, die letztlich alle konventionellen Hindernisse überwindet. Siehe auch www.birnenkuchen-mit-lavendel.de.

Sicher sind Ihnen Sätze wie „Das Gute liegt so nahe" oder „In der Ruhe liegt die Kraft" bestens geläufig. Viele sogenannte „Bauernweisheiten" entbehren nicht einer gewissen Logik und halten Überprüfungen Stand. Doch im Fall von Alltagsstress und Alltagsroutine verblassen gut gemeinte Leitsätze gerne mal. „Man sieht den Wald vor lauter Bäumen nicht mehr" trifft dann eher zu. In der Kita gilt das in besonderem Maße.

Erzieherinnen sind in ihrer gesamten Persönlichkeit gefordert. Sie können keinen ihrer Anteile ausblenden oder hinten anstellen. Sie haben irgendwie tausend Jobs in einem: Verwaltungsarbeiten und „Papierkram" sind ebenso zu erledigen, wie Planung und Organisation, sämtliche Bereiche kommunikativer Aufgaben sind dauerhaft zu leisten. Hinzu kommen kreative Anteile, genauso auch eine hohe Konzentrations- und Belastungsfähigkeit gepaart mit Problemlösungskompetenzen und Teamfähigkeit. Da ist nichts möglich im Sinne von, eine Arbeit auch mal liegen lassen zu können, einen Gang runter zu schalten oder sich von Pause zu Pause zu hangeln. Jedenfalls ist das die Regel.

Wir haben uns immer gewundert (und tun es noch), wie beispielsweise Handwerker etwas in der Kita zu reparieren haben, und wie sie pünktlich um 9:30 Uhr Frühstückspause machen. Und um dem Handwerkerklischee zur Gänze zu entsprechen, tun sie dies noch mit BILD-Zeitung, Fleischkäse-Brötchen und Kaffee aus der Thermoskanne (für den seltenen Fall, dass sie den Kaffee nicht von der Kita gekocht und serviert bekommen haben). Und um 12 Uhr oder 12:30 Uhr sieht man sie dann Mittagspause machen.

Wie sieht das hingegen in der Kita aus?

Sowohl um 9:30 Uhr als auch um die Mittagszeit „steppt der Bär" und „tanzt der Papst", um es mal ganz salopp auszudrücken. Da geht nix mit eben mal Pause machen und entspannen. Da sind Mahlzeiten für und mit den Kindern angesagt. Und das klingt im Ohr von Nicht-Fachkräften nett und idyllisch, ist in Wahrheit aber oft mit Stress, Hektik, hohem Lärmpegel und Unruhe verbunden. Kannen und Tassen fallen um, Hilfestellungen sind notwendig, damit die Kita-Kinder sich „gesund" ernähren und das eigene Essen wird zur Nebensache. Kinder gehen vor, das ist in jeder Kita die Maxime, und Kinderzeit geht vor persönlicher Zeit – sei es die pädagogische Vor- und Nachbereitungszeit oder eben die Pausenzeit, auf die zugunsten von Aufsichtspflichterfüllung verzichtet werden muss, zumal wenn es personell eng ist.

So viel zum Thema Jammern und Klagen!

Doch das soll nicht Thema dieses Buches sein.

Wir möchten schauen, wie es **besser, einfacher, genialer** und **gesünder** klappen kann in der Kita.

Eine herzliche Willkommenskultur macht gute Laune

Wie sind Ihre Empfindungen beim Betreten Ihrer Kita? Was regt sich in Ihnen, wenn Sie morgens als Erste die Kita aufschließen? Oder wie sind die Rückmeldungen von Eltern und Kindern, die Ihre Kita neu kennenlernen?

Falls Sie diese Fragen nicht beantworten können … ist das gar nicht schlimm. Im Gegenteil, es wird ein spannendes Abenteuer für Sie sein, sich diesen und ähnlichen Fragen zu stellen. Entwickeln Sie für sich und als Team Fragen, die sich um die Willkommenskultur Ihrer Kita sorgen. Wie sieht es aus mit dem Ankommen bei Ihnen? Und wie würden Sie sich ein Ankommen wünschen am Morgen? Welcher Art ist bei Ihnen die Kita-Atmosphäre? Fällt Ihnen ein Symbol ein, das die ersten Minuten in Ihrer Kita am besten beschreibt?

Der Eingangsbereich einer Kita ist neben der Fassade die erste Visitenkarte einer Kita. Wie verhält es sich mit diesem in Ihrer Kita?

- Plakate, Werbung für Veranstaltungen hängen aus.
- Ein Bereich ist den Informationen des Elternbeirats vorbehalten.
- Essenspläne und Termine haben ihren Platz.
- Ein Ständer für Regenschirme steht bereit.
- Regale für Flyer, Visitenkarten u. ä. stehen bereit.
- Kisten oder Boxen für Fundsachen beherbergen diverse Kleidungsstücke, einzelne Schuhe, Kindertaschen, Plastikdosen Plastikdeckel, Spielsachen, Plüschtiere und einiges mehr.
- Ein „Leitbild" (welch' ein furchtbares Wort, finden wir) des Trägers soll die guten Absichten der pädagogischen Arbeit unterstreichen, zumeist in Form einiger schriftlicher „Leitsätze", gefangen in einem schmucken Bilderrahmen.
- Schmutzfangmatten (auch so ein Unwort, finden wir) sollen für Sauberkeit sorgen. Der ärgste Dreck soll quasi nicht in die Kita hineingetreten, -getragen, -gebracht werden.
- Öffnungszeiten, Bring- und Abholzeiten werden „transparent" (noch so ein beliebtes Kita-Adjektiv) gemacht.
- Vielleicht döst irgendwo noch die eine oder andere Grünpflanze vor sich hin, die trotz geringer Zuwendung und Pflege in ihrem angestaubten Pflanzübertopf mit staubigem Blattgrün nicht aufgeben will.

Dass Eingangsbereiche in Kitas so oder ähnlich ungepflegt und überfrachtet, ja beinahe lieblos ausschauen, ist gar nicht beabsichtigt. Häufig werden Eingangsbereiche immer wieder thematisiert oder moniert. „Man findet sich gar nicht zurecht", äußern Eltern dann. Oder es entbrennen hitzige Diskussionen über verpasste Termine oder nicht erhaltene Informationen, weil der entsprechende Hinweis zum falschen Zeitpunkt aushing oder nicht gut einsehbar war. Zudem erntet man mit dem Hinweis auf die „Fundkiste" bei Eltern, die etwas Verlorenes ihres Kindes suchen, auch nicht wirklich Anerkennung. Und, mal ganz ehrlich, würden Sie gerne in dieser Kiste wühlen, in der man schon einmal auf nasse Gegenstände, Schmutz, Sand und anderes stoßen kann?

Der Eingangsbereich wird nach und nach zur Nebensache. Weil er zwischendurch immer mal wieder gereinigt und „entrümpelt" wird und keine dauerhafte Pflege erhält, führt das Eine zum Anderen. Es werden Dinge hinzugetan, aufgehängt, hingestellt, abgestellt, überklebt usw., bis schließlich alle freien Flächen keine freien Flächen mehr sind. Und niemand mehr richtig durchblickt. Dann wird der Eingangsbereich erneut zum Thema, Staub gewischt, entsorgt, aktualisiert. Bis zum nächsten Mal.

Wir wollen mal so sagen:
Ein einladender Eingangsbereich sieht anders aus, oder?
Ein einladender Eingangsbereich bleibt einfach einladend.

Es kann mit gezielten Änderungen ohne großen Aufwand ein einladender und übersichtlicher Willkommensbereich entstehen, in dem sich Menschen gleich wohl und gut aufgenommen fühlen. Wichtig dafür sind zwei Faktoren: Das Team möchte einen einladenden Eingangsbereich als Ausdruck seiner Willkommenskultur dauerhaft etablieren. Und dafür werden Strukturen erschaffen, die eine Pflege des Bereichs ermöglichen.

Einfach und **genial**, oder?

Um bei unserem Bild des lebenslustigen Surfers zu bleiben, bietet sich der Hawaiianische „ALOHA-Spirit" an, um einen Geist des Willkommens in die Kita zu tragen. Manchmal zeigt eine Geste mehr als tausend Worte, zumal wenn es um Haltungen geht, die ausgedrückt werden sollen. Um dem **genialen** ALOHA-Effekt auf die Spur zu kommen, bedarf es einiger Hintergrundinformationen.

Aloha ist ein Wort aus der hawaiianischen Sprache (vgl. Schütz 1998).

Seit die postkartenbekannten Inseln im pazifischen Ozean zu den Vereinigten Staaten von Amerika zählen, hat sich dort die amerikanische Sprache etabliert. Trotzdem gab und gibt es hartnäckige Bestrebungen, die alten Traditionen, Sitten und Gebräuche aufrecht zu erhalten. Weithin am bekanntesten sind sicher der Hula-Tanz und eben der Aloha-Spirit.
So lautet der offizielle Beiname Hawaiis auch *The Aloha State*. Hier steht der Name für die sagenhafte Gutmütigkeit und Gastfreundlichkeit der Hawaiianer.

Wer es in seinem Leben schafft, eine der hawaiianischen Inseln zu besuchen, wird das Lächeln der Hawaiianer nicht mehr vergessen.

Aloha wurde in diesem Land Amerikas zu einer Haltung, zu einer Lebenseinstellung, die sich durch sämtliche Lebensbereiche der Inseln zieht.

Gerade in einer Kita, in der junge Kinder sich spielerisch mit ihrer Welt auseinandersetzen und in einem angenehmen Lernumfeld Erfahrungen sammeln (sollen), macht dieser Geist des Aloha-Gefühls unmittelbaren Sinn.

Je freier, freiwilliger und freundlicher sich eine Kita-Atmosphäre verwirklichen lässt, desto höher wird der Wohlfühlfaktor empfunden.

In jeder pädagogischen Konzeption stehen Werte und Normen festgeschrieben, die sich um soziale und emotionale Kompetenzen drehen, wie sie der Geist des Aloha beinhaltet.

In keiner Kita-Konzeption finden sich Ziele wie Egoismus, Machtmissbrauch, Gegeneinander, Schlagen und Beißen oder gegenseitiges Anschreien oder Intrigieren. Ob evangelisch, katholisch, städtisch, ob als Träger die Arbeiterwohlfahrt, ein Elternverein, die Lebenshilfe oder eine ganze Trägergesellschaft – ihnen gemeinsam sind gesellschaftlich gültige Werte wie Toleranz, Empathie, Hilfsbereitschaft, Konfliktfähigkeit und das friedvolle Zusammenleben in einer Gemeinschaft. Es herrscht sozusagen ein gesellschaftlich verankerter Konsens darüber, dass Kinder sicher und begleitet zu mündigen und kompetenten Bürgerinnen und Bürgern des Landes werden sollen.

Und wenn wir davon ausgehen, dass die optimalen Bedingungen hierfür ein liebendes Elternhaus und eine aufnehmend-konstruktive Gesellschaft sind, dann wäre es doch wirklich toll, wenn in den deutschen Kitas der Hauch von heiterer Gelassenheit und Lebensfreude wehen würde, den der Aloha-Spirit verbreitet, oder was meinen Sie, liebe Leserin?

Übersetzt wird

meist mit:

- „Liebe",
- „Zuneigung",
- „Mitgefühl",
- „Nächstenliebe",
- „Freundlichkeit",
- „Menschlichkeit",
- „Friedfertigkeit",
- „Höflichkeit",
- „Harmonie",
- „Sympathie",
- „Güte".

Sie sehen, es existieren ausschließlich wunderschöne Übersetzungen für das Wort Aloha. Aloha drückt auf treffliche Weise aus, wonach sich Menschen weltweit sehnen: Nach einer tief erlebbaren Zugehörigkeit, nach einem Gefühl der Verbundenheit mit der Welt.

Aloha wird auf Hawaii tagtäglich auch als warmherziger Gruß verwendet. Aloha bedeutet dann ein „Hallo" oder „Willkommen" oder auch eine Verabschiedung in Form eines „Mach's gut" oder „Auf ein baldiges Wiedersehen". Diese herzliche und atmosphärisch angenehme Willkommenskultur des Aloha-Effekts können Sie sich zunutze machen für Ihre Kita.

Schaffen Sie gleich bei Eintritt in Ihre Räumlichkeiten ein einladendes Ambiente. Erzieherinnen sind spitze im Bereich Dekoration und Kreativität. Warme und satte Farben zaubern karibisches Flair. Vielleicht arbeiten Sie auch mit einer Fototapete. Oder Sie holen sich Tipps aus Ratgebern, um beispielsweise aus kostengünstigen Holzpaletten und/oder einem alten Weinfass ein Wohlfühl-Insel-Feeling zu „zaubern". Warum sollte man sich beim Betreten Ihrer Kita nicht fühlen wie im Urlaub?

Sammeln Sie Ideen, wie Sie als Team ein Wohlfühlambiente schaffen können. Wer kann gut malen? Wer verfügt über handwerkliches Geschick? Wer sind die kreativen Köpfe in Ihrer Kita? Oder haben gar Eltern und Kinder tolle Ideen zur Gestaltung?

Wichtig ist, dass Sie eine Wohlfühlatmosphäre WOLLEN.

Befreien Sie sich von konventionellem Druck, wie ein Eingangsbereich und die Räume einer Kita auszusehen haben. Denn dafür existieren nur ungeschriebene Gesetze, an die Sie sich nicht strikt halten müssen. Legen Sie Zuständigkeiten fest: Kollegin Berta und Kollege Hannes übernehmen im nächsten Kindergartenjahr die Willkommensstruktur der Kita. Sie analysieren die aktuelle Situation, entwickeln gemeinsam ein Konzept und Visionen für die Gestaltung und kümmern sich um die Umsetzung. Gleichzeitig obliegt den beiden Teammitgliedern für 12 Monate die Pflege des Eingangsbereiches.

Erzieherin Berta und Erzieher Hannes tragen die Verantwortung für:
- Vorstellung und Konzeption der Gestaltungsideen bei Träger, Team und bei den Familien der Kita
- Materialbesorgung
- Gestaltung des Willkommensbereiches der Kita
- Aktualisierung von Aushängen
- Übersichtlichkeit der Informationen
- Pflege des Eingangsbereiches
- „Willkommenskultur" als Aspekt der pädagogischen Arbeit für die Konzeption

Ob Sie sich am Urlaubsgefühl orientieren oder einen Willkommensgruß in ganz vielen Sprachen auswählen, ist gleichgültig. Ob in Ihrer Kita ein Strandkorb stehen wird oder nichts außer Pflanzen, ob Sie mit Handabdrücken der Kinder an den Wänden und Fußspuren auf dem Boden arbeiten – Ihrer künstlerischen Ader sind kaum Grenzen gesetzt. Leben Sie Ihre individuelle künstlerische Freiheit in Ihrer Kita aus.

Mut tut gut!

Und freuen Sie sich jetzt schon auf die vielen Komplimente, die Sie erhalten werden ...:
- „Mensch, da kommt man ja richtig gerne hier rein!"
- „Das sieht aber toll aus!"
- „Wow, was für ein Unterschied gleich beim Reinkommen!"

Solche und ähnliche Sätze werden Ihnen zuteil, wenn Sie sich auf den Weg machen, sich und Ihre Kita-Familien auf ganz besonders warmherzige Weise Willkommen zu heißen.

Worauf warten Sie noch, legen Sie los!?

Das Motto der Woche im Eingangsbereich

Auch dies ist ein kleiner Impuls mit großer Wirkkraft: Stellen Sie Ihre Arbeitswochen oder Arbeitsmonate in Ihrer Kita unter ein Motto! Eine schöne Tafel, die mit Kreide beschrieben werden kann oder eine Magnettafel, an der das Motto angebracht werden kann, sind ebenso vorstellbar wie ein selbst kreierter Rahmen aus Naturmaterialien oder ein handgefertigter „stummer Diener" – also eine Holzfigur, am besten lebensgroß – auf dessen Abstellfläche ein bunter Blumengruß mit einem Spruch erstrahlen.

Wandtatoos können ebenso zum Einsatz kommen. Von Bedeutung ist es jedoch, die Sprüche zu aktualisieren, sonst können sie ihre positive Wirkung nicht entfalten. Um also einen Gewöhnungseffekt zu vermeiden, legen Sie als Team einen regelmäßigen Rhythmus fest, in dem sie Ihren Tages-, Wochen- oder Monatsspruch erneuern möchten. Die Menschen, die Ihre Kita betreten und beleben, lenken durch das Lesen eines positiven Spruchs ihre Gedanken auf das Schöne, Leichte und Angenehme. Wer weiß, vielleicht haben ja auch die Eltern und Kinder zunehmend Freude daran, sich Sprüche auszudenken. Auch hier ist es wieder wichtig, zuverlässige Ansprechpartnerinnen im Team zu haben, die sich um das jeweilige Motto oder den jeweiligen Spruch und dessen Gestaltung sorgen.

Beispiele für Mottos:

- Wie schön, dass es dich gibt.
- Heute schenke ich meine ganze Aufmerksamkeit meinem Wohlergehen.
- Unsere Kinder machen uns glücklich.
- Ich übe mich darin, meinen Mitmenschen ein Lächeln zu schenken.
- Eine herzliche Umarmung sagt mehr als 1000 Worte. Und wen umarmst du?
- Die meisten Fehler passieren durch Hektik und Stress. Ich gönne mir Ruhe und Zuversicht bei allem, was ich tue.
- Unser Elternabend wird sicher ein voller Erfolg.
- Wie schön, dass unser Sommerfest so toll gelaufen ist.
- Genauso wie ich bin, bin ich gut und gewollt.
- Danken kommt von Denken. Und ich denke wirklich gerne.

Als Einrichtungsteam beweisen Sie mit Ihrem Motto und der Haltung, die dahinter steckt, eine große Wertschätzung für die kleinen und großen Menschen Ihrer Kita. Sie nehmen sich und die Anderen wichtig, machen sich Gedanken um die Stimmungen Ihrer Mitmenschen und zeigen Flagge, für eine angenehme Grundstimmung sorgen zu wollen. Manch einem Miesepeter nimmt so ein Motto regelrecht Wind aus den Segeln. Ihr Angebot zu guter Laune und Atmosphäre wird aber sicher mehrheitlich Anerkennung und Nachahmer finden. Abgesehen davon können Sie es auch einmal wagen, auf unangenehme Dinge mit einem zwinkernden Auge einzugehen, indem Sie in das Motto eine Botschaft verpacken. Beispielsweise an einem verkürzten Öffnungstag, an dem Ihre Kita wegen Karneval, Kirmes oder aus anderen Gründen früher schließt, und die Erfahrung Ihnen gezeigt hat, Eltern gezielt und mehrfach darauf hinzuweisen. Wie wäre es also, wenn vor und am besagten Tag das Tagesmotto lautet:

Wir schenken allen Familien Zeit
für tolle Erlebnisse.
Dafür schließt unsere Kita
am 23. Dezember bereits um 12 Uhr.

Begrüßungsrituale als Qualitätsmerkmal

Kennen Sie eigentlich noch die Zeiten, in denen sich fremde Menschen grüßten, wenn sie sich über den Weg liefen? Auf der Straße oder im Wald, im Supermarkt oder an der Tankstelle, in der Bank oder im Kino … – ein kurzer Blickkontakt mit dem Gegenüber führte automatisch zu einem Gruß. „Guten Morgen", „Guten Tag" oder auch „Guten Abend" sagten sich die Menschen, wenn sie sich begegneten. Es konnte auch ein eher flüchtiges „Hallo" oder „Tschüss" sein. Ein leichtes Kopfnicken als Zeichen eines Grußes war ebenso weit verbreitet.

Das hat sich geändert. – Leider, wie wir finden.

Wäre es nicht schöner, wieder verstärkt und bewusst zu grüßen?

Und zwar nicht als Dienstanweisung in einem Dienstleistungsunternehmen wie beispielsweise die Kassiererin an der Supermarktkasse. Die MUSS höflich und freundlich grüßen, sich verabschieden und Konversation mit den Kunden betreiben. Ob sie dies möchte oder nicht. Ob von der Kundschaft etwas zurückkommt oder nicht. Ob sie selbst ebenfalls mit Freundlichkeit zurückgegrüßt wird oder nicht. Manche Kunden bekommen ja erst gar nicht mit, dass sie an der Kasse nett begrüßt werden. Sie starren auf ihre Smartphones, tippen oder telefonieren und sind ungeduldig, sodass alles möglichst schnell gehen soll an der Kasse. Lust auf Grüßen oder Danken oder Kontakt: Fehlanzeige.

Gehören Sie selbst zu diesen ignoranten Mitmenschen?

Ertappen Sie sich dabei, selbst mehr auf das Display Ihres Smartphones zu blicken als in die Gesichter und Augen Ihrer Mitmenschen, denen Sie begegnen?

Möchten Sie Teil einer virtuellen Gesellschaft sein oder dazu werden?

Wir ermutigen Sie hiermit, sich diesem gesellschaftlichen Trend zu widersetzen.

Pflegen Sie Echtkontakte mit Ihren Mitmenschen.

Ziehen Sie die direkte Kommunikation der virtuellen und medialen Kommunikation vor. Zeigen Sie Ihren Kolleginnen, den Kindern und Eltern, dass Sie gerne mit ihnen kommunizieren, indem Sie es praktizieren! Da kann es schon hilfreich sein, sich selbst Auszeiten von der virtuellen Welt zu gönnen. Schalten Sie den immer verfügbaren „Mobilteil" Ihres Selbst aus für die Zeit, die Sie in der Kita verbringen. Denken Sie ernsthaft darüber nach, Mobilteile in Ihrer Kita generell außen vor zu lassen. Eltern, die ihre Kinder telefonierend oder surfend (in diesem Falle finden wir Surfen in der Kita unangebracht) abholen oder bringen, vermitteln ihren Kindern und den Erzieherinnen ein Gefühl der Unwichtigkeit.

Zuerst kommt „die virtuelle Welt" und dann kommen die Menschen. Scheinkontakte gehen vor Echtkontakten.

Ändern Sie das, gehen Sie in die Echtkontakte. Nehmen Sie sich Zeit, Kindern und Eltern Ihre ganze Aufmerksamkeit zu schenken. Entwickeln Sie Begrüßungs- und Verabschiedungsrituale, die Wertschätzung und Zuwendung wiederspiegeln. Die Erfahrung hat uns gezeigt, wie toll und wichtig auch körperlicher Kontakt für zwischenmenschliche Beziehungen ist. Kinder, die in der Kita gewohnt sind, ihren Erzieherinnen zur Begrüßung und zur Verabschiedung die Hand zu geben, fühlen sich aufgewertet. Sie genießen ihre Bedeutung für die Erzieherin, aber auch den Körperkontakt und das Ritual, das diese Handlung impliziert.

Was spricht dagegen, auch Eltern zu bestimmten Anlässen wie z. B. bei Elterngesprächen, Geburtstagen oder Elternabenden ebenfalls per Handschlag zu begrüßen?

Richtig: nichts.

Also, grüßen Sie, was das Zeug hält, gehen Sie als Vorbild einer neuen Begrüßungskultur mutig voran. Suchen Sie intensive Blickkontakte, grüßen Sie fremde Menschen, wagen Sie sich daran, mit Menschen in kurze Neugesprächssequenzen zu gehen – seien Sie wieder neugierig auf Ihre Mitmenschen. Brechen Sie das große Schweigen und das Leben in Parallelwelten. Und tragen Sie diese Idee weiter in Ihr Team, in Ihr Leben. Denn es kann mit Sicherheit beides gehen: Moderne Technik (die ja immer weitergeht) mit all ihren neuen Möglichkeiten und bewährten Traditionen wieder mit neuer Energie zu füllen. Gemeinsam mit dem Aloha-Effekt schaffen Sie damit eine gute Basis für ein Mehr an tollen Möglichkeiten für gelingende Beziehungen. Surfen Sie nicht im Internet, sondern lieber auf einem Surfbrett im Meer zwischenmenschlicher Kontakte!

Machen Sie Begrüßungsrituale zu einem Qualitätsmerkmal Ihrer Kita.

Achten Sie auf eine offene Körpersprache in der Begegnung mit Eltern, Kolleginnen und Kindern. Vor dem Körper verschränkte Arme, gesenkte oder am Gegenüber vorbeischauende Blicke oder dem Gegenüber den Rücken zuzukehren – das sind typische Kommunikationskiller. Diese Gesten symbolisieren Desinteresse am Gegenüber. Machen Sie es anders. Machen Sie es so, wie Sie es sich für sich selbst oder auch für Ihr eigenes Kind wünschen würden. Wir alle gehen lieber in Begegnungen, die offen und zugewandt sind. Begegnungen, in denen Interesse und Anteilnahme dominieren. Dabei darf ruhig auch mal eine körperliche Geste der Zuwendung Platz finden. Eine Hand auf die Schulter des Gesprächspartners zu legen, ist also erlaubt, und unterstreicht sogar das Interesse am Mitmenschen. Und gerade bei Kindern sind Körperkontakte wichtig für eine gesunde

Entwicklung. Leider scheuen sich viele Erzieherinnen und Erzieher davor, die Kinder zu berühren, zu kitzeln, zu herzen, zu umarmen, zu massieren oder zu streicheln. Gerade männliche Kollegen sind durch Missbrauchsfälle und eine aufgeheizte gesellschaftliche Stimmung verunsichert, wie sie mit Kindern umgehen sollen. In vielen Kitas ist der Bereich Sexualpädagogik ein traditionelles Tabuthema. Dabei ist es gerade dort, wo es in der Kita um Berührungen und Beziehungsarbeit geht, immens wichtig, ein Klima der Offenheit und Klarheit zu schaffen.

Menschen brauchen Berührungen und Körperkontakt. In der Kita kann sich über einen Auf- und Ausbau von Begrüßungs- und Verabschiedungsritualen eine Debatte bezüglich dieser Tatsache ergeben. Wie gehen unsere Kolleginnen und Kollegen mit dieser Thematik um?

Ein sehr anschauliches Beispiel zur Notwendigkeit von Körperkontakt ist es, wenn Sie sich vorstellen, ein Kind benötigt Trost. Es ist hingefallen oder frustriert, weil es bei anderen Kindern nicht mitspielen darf. Sie erkennen seine innere Not und bemerken seine Traurigkeit oder aufsteigende Tränen. Was tut diesem Kind nun gut?

Richtig: ein tröstender Mensch.

Klar sind tröstende Worte hilfreich. Aber erst in der Kombination mit einer liebevollen Berührung ergeben sie wirklich Sinn für das Kind. Eine Umarmung, ein auf den Schoß setzen, ein auf den Arm nehmen oder ein sanftes Rückenstreicheln trösten mehr als viele Worte ohne Berührung als Verstärker. Gerade auch Kinder, die sich (noch) nicht über das gesprochene Wort verständigen, sind auf Berührungen angewiesen.

Und sind wir mal ehrlich: Geht es uns Erwachsenen nicht ebenso wie den Kindern? Fehlt es uns nicht auch manchmal an Berührungen? Tut es uns nicht auch **einfach genial** gut, wenn eine Kollegin uns herzt oder über den Rücken streichelt? Und das nicht nur, wenn man Trost benötigt, sondern in jeder Situation. Probieren Sie es aus, wir freuen uns auf Ihre Rückmeldungen!

1.2
Familien einfach genial begegnen

Erstgespräche gelassen führen

Mindestens einmal jährlich zu Beginn eines neuen Kindergartenjahres kommt es zu einem mehr oder weniger großen Umbruch in Ihrer Kita. Viele Kinder verlassen die Kita in Richtung Grundschule oder weiterführende Schule. Dafür gilt es, neue Familien in die Kita zu integrieren. Die beiden anstrengenden Prozesse des Loslassens und des Neustarts verlaufen zeitgleich, denn schon während des aktuellen Kalenderjahres wird klar, welche Kinder die Kita verlassen und welche Kinder ab Sommer aufgenommen werden. Ein halbes Jahr lang beschäftigen sich viele Menschen in und außerhalb der Kita mit den Themen Abschied und Neubeginn.

Damit sich die Neuen in ihrer Kita wohlfühlen, haben Kitas vielfältige Möglichkeiten entwickelt und erprobt. Allen pädagogischen Fachkräften ist klar, dass die Zusammenarbeit mit den Familien am besten klappt, wenn „die Chemie stimmt", sich also Erzieherinnen und Eltern gut verstehen. Dafür ist ein gegenseitiges Verständnis die Grundlage. Eltern und Erzieherinnen müssen sich kennen lernen, Vertrauen fassen, Vertrauen aufbauen.

Und Vertrauen kommt von „trauen" ... – Trauen Sie den Eltern zu, ihre Kinder gut und liebevoll in der Familie zu begleiten? Trauen Ihnen die Eltern zu, ihre Kinder in der Kita gut und liebevoll zu begleiten?

Das ist DIE Kernfrage, die Sie und die Eltern sich stellen müssen. Und wenn beide Seiten diese Kernfragen mit einem Ja beantworten können, dann bestehen sehr gute Chancen zu einer gelingenden Erziehungspartnerschaft.

Stellen Sie diese Kernfrage in das Zentrum Ihrer Bemühungen um eine gute Zusammenarbeit mit den Eltern Ihrer Kita. Bauen Sie darum Ihre Handlungen und Überlegungen auf. Bei Dauerkonflikten zwischen Kita und Eltern geht es niemals wirklich um das Nichteinhalten von Kita-Regeln (wie pünktliches Bringen oder Abholen der Kinder), mangelnde Absprachen, Schultüten, Muttertagsgeschenke oder fehlende Hausschuhe – nein, es geht immer um die Kernfrage.

Und wenn die Kernfrage nicht mit Ja, sondern mit einem Nein beantwortet wird, und sogar nur von einer der beiden Seiten verneint wird, dann ist das Tor zu einer misslingenden Zusammenarbeit sperrangelweit offen.

Und darum lohnt es sich auch so sehr, in die ersten Kontakte mit künftigen Kita-Familien reichlich Interesse zu investieren. Eine gute zwischenmenschliche Basis erleichtert Ihnen als Fachkraft die tägliche Arbeit in Ihrer Kita ganz maßgeblich!

Investieren Sie in die ersten Kontakte mit Eltern alles, was Sie drauf haben an positiver Energie – seien Sie Sympathieträger Ihrer Einrichtung!

Stellen Sie sich vor, wie aufregend es sein muss für eine Mutter oder einen Vater, zum ersten Mal in die Kita zu kommen, in die das eigene Kind einmal gehen wird. Klar gibt es auch jene Eltern, die scheinbar desinteressiert wirken oder Vorerfahrungen mit Ihrer oder anderen Einrichtungen gesammelt haben. Wir möchten uns aber den Familien widmen, die genau wie ihre Kinder Neuland betreten. Gleichzeitig sind wir überzeugt davon, dass Eltern generell mit großem Respekt und Toleranz begegnet werden sollte, auch und gerade wenn es sich um Eltern handelt, die „schwierig" sind. Okay, aber das nur am Rande, denn es geht ja nun darum, Erstgespräche gelassen zu führen.

Das Adjektiv, also das Wie-Wort, „gelassen" impliziert ja bereits das wesentliche Hilfsmittel für gute Erstgespräche:

„ge-lassen"!

Dieses Lassen meint, sich auf neue Familien einzulassen und deren Geschichte(n) zuzulassen. Das ist Ihr Part, Ihr Anteil an gelingender Zusammenarbeit. Eine Haltung des Lassens zu entwickeln, die jeder neuen Familie die Option anbietet, sich kennen zu lernen. Das ist keine leichte Aufgabe. Sie müssen sich immer wieder ins Gedächtnis rufen, Eltern so zu lassen wie sie nun einmal sind. Lassen Sie Ihren Anspruch **einfach genial** los, Eltern verändern/überzeugen/überreden zu können. Es wird Ihnen nicht gelingen!

Laden Sie Eltern stattdessen zu einem ersten Gespräch ein, sobald Sie wissen, dass sie ein Teil Ihrer Kita oder Gruppe in der Kita sein werden. Benutzen Sie die folgenden Fragen und Anregungen als Leitfaden für das Erstgespräch, wenn Sie möchten, und sammeln Sie Erfahrungen damit. Wie geht es Ihnen und den Eltern mit dem Erstgespräch?

Vorbereitung:
- Eltern anrufen und Gesprächstermin individuell vereinbaren.
- Eltern sagen, dass Sie sich auf sie freuen und das Erstgespräch dem gegenseitigen Kennenlernen dient. Eltern dürfen sich Fragen überlegen bezüglich der Kita und diese dann stellen. Jede Frage ist erlaubt.
- Am besten gleich beim Ersttelefonat eine angenehme Gesprächsatmosphäre herstellen. Lächeln Sie beim Telefonieren.
- Es folgt eine schriftliche Einladung, die Sie gerne ansprechend gestalten können.
- Termin in der Gruppe und im Team absprechen. Wer führt das Gespräch, jemand alleine oder zu zweit/dritt?

- Am Tag X den Raum vorbereiten und einladend präsentieren (Blumen, Deko, Raumduft ...), Getränke bereitstellen.
- Für Störungsfreiheit sorgen.
- Eine Stunde Zeit einplanen.
- Circa 10 Minuten vor dem Gespräch zur Ruhe kommen, tief durchatmen, meditieren, entspannen, Musik hören, spazieren gehen.

Einstieg:
- „Wie geht es Ihnen?"
- „Haben Sie gut hergefunden?"
- „Wie schön, dass wir uns jetzt kennen lernen!"
- „Ich erzähle einmal ein wenig von mir, wenn das für Sie in Ordnung ist ..."
- „Meine Name ist ... Ich bin ausgebildete ... und arbeite seit ... hier in der Kita ... – Und das sind die Dinge, die ich am liebsten in der Kita mache: Kochen/Backen, Sport, Ausflüge, Kreisspiele, Musik, Tanz, Kreativität ..."
- Schildern Sie Ihre Talente und alles, was Sie ausgesprochen gerne tun.
- Lassen Sie Ihrer Intuition freien Lauf, achten Sie auf Ihre Gegenüber, auf deren Gesten wie Nicken, Lächeln oder Interesse und bauen Sie auf Ihren Sympathie-Wert.
- Setzen Sie Ihr charmantes Lächeln ein, sprechen Sie frei und atmen Sie ruhig ein und aus.
- Unterstreichen Sie Ihre Worte mit Gestik und Mimik.
- Lassen Sie Fragen zu.
- Sie signalisieren mit diesem Einstieg die Übernahme der Gesprächsführung (Verantwortung).
- Eltern dürfen sich entspannt zurücklehnen, denn erst einmal geben Sie Informationen preis von sich (Offenheit).

Hauptteil:
- Leiten Sie über zum Tagesablauf in Ihrer Kita.
- Erläutern Sie die Strukturen der Kita, am besten in Kombination mit der schriftlichen Konzeption, die sich die Eltern mit nach Hause nehmen dürfen.
- Sprechen Sie dabei auch die „Knackpunkte" Ihrer Kita an (verbindliche Regeln und Werte, das Beschwerdeverfahren Ihrer Kita, Schließzeiten, Traditionen der Kita ...).
- „Ihr Kind heißt ... – Darf ich fragen, wie es zu diesem Namen kam? Hat er eine besondere Bedeutung?" (Diese Frage ist ein Türöffner im Gespräch zur Überleitung an den Elternanteil im Gespräch.)
- Bitten Sie die Eltern, von ihrem Kind und ihrer Familie zu berichten.
- „Was finden Sie an Ihrem Kind besonders toll?"
- „Haben Sie Großeltern/Familie in der näheren Umgebung?"

- „Was tun Sie als Mutter oder Vater besonders gerne?"
- „Wie erinnern Sie Ihre eigene Kindheit? Besuchten Sie eine Kita?"
- „Welche Sorgen beschäftigen Sie?"
- „Sie haben sicher Fragen mitgebracht. Ich werde sie gerne beantworten!"
- Lassen Sie die Familien erzählen. Unterbrechen Sie nur, wenn es notwendig erscheint.
- Vertrauen Sie Ihrem Bauchgefühl. Es weist Ihnen den Weg, welche Fragen hilfreich sind für eine gute Atmosphäre.
- Sie sind die Gesprächsführende und interessiert an einem Austausch, vergessen Sie das nicht.
- Sie möchten der Familie ermöglichen, Vertrauen zu Ihnen und Ihrer Kita aufzubauen, also ein gutes Gefühl zu bekommen.
- Seien Sie zuvorkommend, freundlich, zugewandt, ruhig.
- Ein Erstgespräch ganz ohne Lächeln oder Lachen sollte es nicht geben.
- Anekdoten und lustige Ereignisse sind Einladungen in das Seelenleben der Familie.
- Danken Sie für die erhaltenen Informationen.

Schlussteil:

- Die vielen inhaltlichen Informationen sind eigentlich nebensächlich; viel wichtiger ist die erlebte Gesprächsatmosphäre.
- Sie und Ihr eigenes Wohlgefühl sind quasi der Gradmesser für einen angenehmen oder unangenehmen Erstkontakt.
- Fragen Sie nach, ob es den Eltern gut geht mit dem Gespräch.
- Falls „Papierkram" zu erledigen ist, tun Sie dies jetzt gemeinsam mit den Eltern.
- Die Räumlichkeiten zu zeigen, kann ein gelungener Abschluss sein, bevor Sie die Eltern verabschieden.

„Walk and talk"
als Methode der entspannten Gesprächsführung

Die Gesprächsmethode „walk and talk" ist entstanden, als eine Mitarbeiterin vor den halbjährlichen Personalgesprächen mit ihrer Leiterin mal wieder schlaflose Nächte vor lauter Anspannung, Befürchtungen und Ängste durchlebte. Obschon ihre Leiterin eine sehr nette und wohlwollende Person ist, sind die Vorerfahrungen der Kollegin negativ besetzt. Ihre bisherigen Vorgesetzten hielten nicht viel von Mitarbeiterinnenzentrierung oder angenehmer Gesprächsatmosphäre, darum kamen unschöne Erinnerungen in ihr auf, jedes Mal, wenn ein Gespräch mit der Leiterin bevorstand. Die nette und wohlwollende Leiterin kam schließlich auf die Idee, das Mitarbeitergespräch in den angrenzenden Park zu verlegen. Kurzerhand fragte sie ihre Mitarbeiterin, ob es ihr leichter fiele, das

Gespräch mit einem gemeinsamen Spaziergang zu verbinden. Sofort entspannte sich die Mitarbeiterin, lockerte ihre Schultermuskulatur und stimmte angenehm überrascht zu. Offensichtlich führen mehrere Faktoren dazu, die Methode des „walk and talk" zu einer praktikablen, **einfach genialen** Gesprächsmethode werden zu lassen:

- Der gemeinsame Blick nach vorne in Laufrichtung wirkt verbindend.
- Die Bewegung baut Stress ab, die Anspannung wird „weggelaufen".
- Frische Luft zu tanken, ist eine willkommene Wohltat.
- Außerhalb der Kita-Räume entwickeln Gespräche eine neue Qualität.
- Achtsamkeitserfahrung: Wer geht in welchem Schritttempo?
- Keine störenden Kita-Energien engen ein (Telefon, Lärm, Alltagsstress).
- Es wird kein Raum der Kita benötigt.
- Die Wegstrecken können variiert werden, es wird nie langweilig.
- Die Umgebung der Kita wird erkundet. Der Blickwinkel ändert sich.
- Gehpausen oder gemeinsame Beobachtungen entstehen individuell.
- Mittlerweile hat sich „walk and talk" auch in weiteren Gesprächsanlässen als ein wahrer Schatz erwiesen.

Beispiel:
Familie Gruber ist sehr unzufrieden mit der Kita. Die Beziehung zwischen Eltern und Erzieherinnen ist seit vielen Monaten angespannt und belastet. Beide Parteien empfinden sich im Umgang miteinander als unzufrieden.

Der Dauerkonflikt erstreckt sich über viele Aspekte der pädagogischen Arbeit. Und irgendwie scheint auch die Chemie nicht zu stimmen. Es droht wirklich eine Bildung von zwei Armeen, die sich bekriegen …, denn die Erzieherinnen suchen Verbündete bei ihren Teamkolleginnen. („So viele Gespräche hatten wir schon, hat alles nichts gebracht! Geht euch doch genauso mit den Eltern, stimmt's?!"). Die Eltern äußern ihre ganzen Beschwerdepunkte gegenüber anderen Eltern und suchen nach Bestätigung ihrer Meinung: „Jeden Tag suche ich die Hausschuhe, meinen Sie nicht auch, dass die Kita schlampig arbeitet und nicht richtig nach den Kindern geschaut wird?!"

Uff, eine verfahrene Situation wie sie in 1 000 Kitas immer mal wieder vorkommt.

Die Eltern beschweren sich irgendwann bei der Leiterin und bitten um ein Gespräch. Sie haben ihre Unzufriedenheitspunkte mit der Kita schriftlich formuliert. Der Leiterin wird beim Durchlesen der vielen „Anklagepunkte" ganz schwer ums Herz, denn sie kann regelrecht fühlen, welche negativen Energien vorhanden sein müssen zwischen den Eltern und den Kolleginnen.

Soll sie den Kolleginnen die Elternbeschwerde zeigen?

Und damit Öl ins Feuer gießen?

Dem brüchigen Beziehungsgefüge einen zusätzlichen Schlag zufügen?

Sie entscheidet sich dagegen, denn das Schreiben ist an sie persönlich gerichtet, nicht an die Adresse der Kolleginnen. Sie übernimmt die Verantwortung, indem sie sich dazu entschließt, die Eltern zu einem „walk and talk"-Gespräch einzuladen. Über dieses Vorgehen unterrichtet sie ihre Kolleginnen.

Und diese etwas ungewöhnliche Herangehensweise an ein Konfliktgespräch mit Eltern erweist sich als Volltreffer. Zum vereinbarten Termin erscheinen die Eltern Gruber vor der Kita und werden von der Leiterin lächelnd in Empfang genommen. Die Leiterin in ihre Mitte nehmend, geht das Trio einfach los und beginnt beim Gehen mit der Konversation. Diese streift zunächst eher oberflächliche und unverfängliche Themen wie das Wetter oder aktuelles Tagesgeschehen. Allmählich lenkt die Kita-Leiterin das Gespräch auf den Gesprächsanlass. Sie kann die spannungsgeladene Stimmung beider Elternteile neben sich spüren, sie hört aktiv zu und gibt den Eltern Rückmeldungen. Dass sie Unzufriedenheit bei ihnen wahrnimmt, sie sich offenbar nicht wohlzufühlen scheinen in der Kita, und dass sie den drängenden Wunsch nach einer Besserung der Situation heraushört. Als sie von sich aus erläutert, welche positiven Besonderheiten ihr am Kind des Paares aufgefallen sind und wie gerne ihre Kolleginnen das Kind des Paares in ihrer Gruppe haben, bemerkt die Kita-Leiterin erstaunte Blicke, die Vater und Mutter austauschen. Sie bemerkt aber auch ein deutliches Nachlassen der angespannten Stimmung. Über die gemeinsame Gehbewegung entsteht ein gemeinsames Schritt-Tempo der drei Menschen, sie laufen sich quasi aufeinander ein und gehen ein Stück des Weges in einem harmonischen Rhythmus. Das tut gut und wirkt sich auf alle Beteiligten positiv aus. Nach circa 30 Minuten des wechselseitigen Zuhörens entstehen erste Ansätze, nach kleinen Veränderungen Ausschau zu halten, die das weitere Miteinander in der Kita verbessern könnten. Das Gespräch führt zunehmend weg vom Problem und hin zu Lösungsmöglichkeiten.

„Walk and talk" mag nicht alle Schwierigkeiten und Konflikte in einer Kita lösen. Aber einen Versuch ist es wert.

Das gilt auch für den Fall von Konfliktgesprächen unter Kolleginnen. Beim Laufen spricht es sich leichter, unverkrampfter und gesünder – gerade in scheinbar festgefahrenen Situationen und Konstellationen können sich durch das bewegte Gespräch Blockaden lösen und Verkrampfungen lockern. Auch bei netten Gesprächsanlässen wie der Pausenzeit oder pädagogischen Vorbereitungszeit kann „walk and talk" praktiziert werden. Sie tun aktiv etwas für Ihre Gesundheit, kommen in Kontakte, sind nicht abgelenkt und nutzen diese Zeit zum Auftanken Ihres Energiespeichers.

Und wo steht geschrieben, dass Ihre Elterngespräche stets in geschlossenen Kita-Räumen stattfinden müssen?

Gehen Sie doch auch mal raus mit Ihren Familien, Ihren Eltern. Im wortwörtlichen Sinne:

GEHEN Sie in Ihre Elterngespräche
und lernen Sie sich LAUFEND besser kennen!

Im Anschluss erstellen Sie ein Gedächtnisprotokoll. **Einfach genial** statt durchstrukturiert und steif. Probieren Sie es am besten gleich aus!

Tief durchatmen: Was Sie in stressigen Situationen tun können

Es gibt so Tage, an denen alles zusammenkommt. Tage, an denen man am liebsten im Bett geblieben wäre. Tage, die einem das schier Unmögliche abverlangen. Tage voller „Horrortermine", Tage, die wie ein riesiger Berg vor einem liegen und nicht zu Ende gehen wollen. Was können Sie dann tun? Was bringt Erleichterung, Linderung?

Machen Sie eine Pause!

Legen Sie eine Pause von der Arbeit ein!

Treten Sie in Ihren ganz persönlichen Minutenstreik, liebe Leserin!

Klingt einfach und ist **einfach genial**. Und Pausen stehen Ihnen zu. Pausen machen Sinn. Pausen sind gesund. Pausen dienen Ihrem Wohlergehen. Und Pausen sind arbeitsrechtlich vorgeschrieben.

Nur: In den seltensten Fällen bekommen Sie Ihre Pausen nachgetragen oder auf dem Präsentierteller serviert.

Wir wissen, wie es sich anfühlt, wenn man versucht, im Pausenverzichtwettbewerb vorne mitzuspielen. Wenn man Preisträgerin ist in der Kategorie „Dauerarbeiten" und „Niemalsausfallen". Wenn man sich in den Urlaub verabschiedet, nur um erst mal wieder richtig schlafen zu können und zudem vielleicht auch noch zu erkranken, was man sich vorher immer verkniffen hatte. Das Phänomen „ohne mich geht hier nichts" ist mindestens genauso häufig bei Kita-Teams anzutreffen wie das gegenteilige Phänomen „ist mir doch egal". Das sind nun mal die beruflichen Tatsachen, mit denen Kitas zu tun haben. Von allem ist etwas dabei. Und stets ist die Kita in Bewegung. Auch das viel zitierte „Auf der Stelle treten" ist eine Bewegung.

Sie können als Mensch mit pädagogischem Wissen nicht gut für andere Menschen sorgen, wenn Sie sich selbst darüber vernachlässigen. Jeder einzelne Tag, an dem Sie von sich sagen können:

> „Heute habe ich gut für mich gesorgt",

ist ein guter Tag!

Gerade im Elternkontakt zu den Bring- und Abholzeiten bedeuten die Aufsicht über die Kinder und der gleichzeitig stattfindende Austausch mit Eltern eine stressige Doppelbelastung. Die Augen und Ohren der Erzieherinnen sind in ständiger Bewegung, um den Überblick zu behalten. Wichtige Informationen müssen von unwichtigen Informationen getrennt werden. Gegebenenfalls müssen Elterninformationen auch an Kolleginnen weitergegeben werden.

Einfach genial: Legen Sie fest, wer aus dem Team an welchem Tag zu welchen Zeiten für Elternkontakte zuständig ist und welche Kolleginnen die Betreuung der Kinder übernehmen. Oft sind die Kinder zu den Bring- und Abholzeiten im Garten oder in einem bestimmten Früh- oder Spätdienstraum, da ist es enorm hilfreich, sich darüber zu verständigen, wer welche Bereiche übernimmt. Und dann kann sich die „Elternkontaktperson" ganz den Kontakten widmen, während die Kollegin ganz bei den Kindern bleibt mit ihrer Aufmerksamkeit. Für manch eine Kollegin bringt bereits eine solche kleine Änderung der Zuständigkeiten eine spürbare Entlastung. Der Austausch mit Eltern kann wieder ganz bewusst gelebt werden statt nur so nebenbei.

Regelmäßige kleine und größere Pausen sind Auszeiten für Sie. Auszeiten für Ihre seelische, körperliche und geistige Gesundheit. Auf eine Phase der Anspannung und Arbeitsleistung in der Kita sollte eine Phase der Entspannung und Arbeitsentlastung folgen. Sobald Sie es schaffen, diese Pausenkultur für sich einzuführen, werden Sie nie wieder zurückkehren wollen zu den Zeiten der „Null-Pausen".

Auch hier gilt wieder die Surfer-Maxime der individuellen Freiheit: Es gibt Surfer, die lieber auf einem heimischen See surfen und es genießen, in vertrauten Gefilden zu bleiben. Sie sind gemütlich unterwegs, lieben kurze Wege und folgen ihren festen Ritualen mit festen Surfzeiten. Sie entsprechen einem ritualisierten Pausentyp in der Kita. Dieser Pausentyp legt Wert auf regelmäßige Pausenzeiten und gestaltet sie in der Regel sehr strukturiert und nach gleichem Ablauf.

Und es gibt Surfer, die sich immer wieder neu erfinden, die erpicht sind auf Action und Veränderung. Sie entsprechen eher einem spontanen Pausentyp in der Kita. Dieser Pausentyp entspannt am besten dann, wenn es die Situation möglich macht. Ein schöner Spaziergang mit Kindern oder die Übernahme einer Schlafwache können diesem Pausentyp ebenso willkommene Auszeiten sein, wie ein Austausch mit Kolleginnen oder ein Einkauf für die Kita.

Es gibt Pausentypen, denen eine längere Auszeit am Tag gut tut, und es gibt Pausentypen, die am effektivsten bei mehreren Kurzauszeiten auftanken.

Welcher Pausentyp Sie sind und was Ihnen gut tut als Pausenzeit, finden Sie am besten selbst heraus. Manche entspannen gut, indem sie bewusst einige Minuten lang tief ein- und ausatmen. Diese Übung geht sogar, wenn sonst nichts geht. Atmen müssen wir nämlich alle drei Sekunden, um am Leben zu bleiben. Also selbst bei der Unmöglichkeit, eine Pause außerhalb der Kita zu verbringen, können Sie im Gruppenraum tief atmen, das funktioniert prima mit Kindern. Etablieren Sie ein bestimmtes Geräusch (Cymbel, Gong) in Ihrer Gruppe, das Sie immer dann ertönen lassen, wenn Sie ein bewusstes Ein- und Ausatmen mit den Kindern für angebracht halten. Ohne Aufwand, jeder, wo er oder sie sich gerade befindet, wird von Ihnen durch das Geräusch zu einem kurzen Innehalten eingeladen. Versuchen Sie dabei, mental und gegebenenfalls auch verbal mitzuzählen: Beim Einatmen auf 4 zählen, Atem anhalten und auf 3 zählen, laut ausatmen und wieder auf 4 zählen. Die Zahlen stellen lediglich Richtlinien dar, finden Sie selbst Ihre persönliche Atempausenzahl und Ihren Rhythmus.

Mit Musik geht (fast) alles besser

Lassen Sie doch morgens im Frühdienst mal eine CD laufen mit Ihren Lieblingssongs. Oder überlegen Sie sich mit Ihren Kolleginnen ein Monatslied, das in allen Gruppen gesungen wird. Oft wird das Singen ja verbunden mit dem Morgen- oder Abschlusskreis. Doch Musik tut uns Menschen einfach viel, viel öfter gut. Kinder sind ein sehr dankbares Publikum, sie kritisieren unsere Singstimme nicht und freuen sich, wenn wir selbst Freude haben beim Trällern, Summen, Singen, Pfeifen oder Abspielen von Musik. Musik, die uns erfreut, hat einen enorm positiven Einfluss auf unser Wohlbefinden. Natürlich spielen nicht alle pädagogischen Fachkräfte ein Instrument oder präferieren Musik als eigenen Schwerpunkt. Aber kennen Sie wirklich einen Menschen, der ganz ohne Musik lebt oder leben möchte?

Es kommt also nur darauf an, die richtigen Noten zu finden. Welche Musik mögen Sie? Wobei entspannen Sie und welche Musik macht Ihnen gute Laune? Waren Sie gerade auf einem Rockkonzert und haben sich königlich amüsiert? Dann nichts wie losgelegt und die spielbaren (nicht jeder Liedtext ist angebracht für Kita-Kinder) Songs in den CD Player im Kindergarten. Tanzen und singen Sie mit den Kindern zu Schlagern, Pop, Soul, Rock, Klassik, Volksliedern, Jazz – fragen Sie bei den Eltern nach, welche Lieder und Hörspiele gerade auf der Hitliste ihrer Kinder ganz oben stehen.

Und warten Sie nicht auf die geplanten Liedaktionen zum Sommerfest oder dem Hasenlied zu Ostern. Singen, Tanzen und Musizieren Sie so oft es geht. Das funktioniert übrigens auch prima in stressigen Gruppensituationen. Sie drehen Ihren aktuellen Monatssong auf und laden alle Kinder zum Mitsingen, Klatschen, Tanzen ein – streitende Kinder, gelangweilte Kinder, traurige Kinder, bewegungshungrige Kinder und nicht zuletzt Sie selbst gönnen sich eine kleine Auszeit für einige Minuten und tanken ihre Energiespeicher auf.

In unserer Kita liegt Musik in der Luft!

Geben Sie den Eltern Ihre aktuellen Monatssongs bekannt. Ermuntern Sie die Familien, sich dem Kita-Monatssong anzuschließen und ihn auch zu Hause oder im Auto anzuhören. Die Kinder können den Eltern dann zudem die zugehörigen Bewegungen zeigen – oder die Familien erfinden ihre ganz eigene Choreografie.

Eine musikalische Kita wirkt sehr belebend auf Elternbegegnungen. Musik bietet angenehme Gesprächsanlässe – ähnlich dem Phänomen Wetter. Weil Wetter halt immer da ist, unverfänglich ist als Thema und zudem einen einfachen Einstieg in Gespräche darstellt. Machen Sie in Ihrer Kita doch mal die Musik zum zweiten Gesprächsthema – neben dem Wetter.

1.3
Die geniale Neue ist da

Partizipation bei Neueinstellungen

Seit dem Ausbau von Ganztags- und Krippenbetreuung bei gleichzeitigem Fachkräftemangel, gestaltet es sich zunehmend schwieriger, so richtig gutes und qualifiziertes Fachpersonal für Kitas zu finden. Noch schwieriger ist es, aus den einzelnen Fachkräften ein gut funktionierendes Team hervorzubringen. Bunt gemischte Teams sind heutzutage die Berufswirklichkeit, eine recht hohe Fluktuation inbegriffen. Ungelöste und schwelende Konflikte zwischen einzelnen Teammitgliedern belasten die Qualität in Kitas. Salopp gesagt, stellen manche Träger alles an Fachpersonal ein, das die gröbsten Kompetenzen mitzubringen scheint. Kaum ein Team verfügt durchgängig über hochmotivierte und hochqualifizierte Fachkräfte. Manch ein Team würde personell unterbesetzt bessere Arbeit leisten können, als voll besetzt in ungünstiger Kombination.

Um sogenannte Fehlbesetzungen zu vermeiden, ist es hilfreich, das Team und vor allem die Leitungskraft in das Einstellungsverfahren einzubeziehen:

- **Wissen** ► Was wünschen sich Gruppenkolleginnen an Kernkompetenzen ihrer neuen Kollegin?
- **Pädagogische Ausrichtung** ► Welche inhaltlichen Schwerpunkte sind vielleicht bereits mehrfach im Team besetzt, welche wären eine wertvolle Ergänzung für die Kita?
- **Status Quo** ► Wo steht die Kita gerade konzeptionell, und wer würde da gut hineinpassen?
- **Gender** ► Wie stehen die einzelnen Kolleginnen zu den Fragen nach Männern, Frauen, „In between", sexueller Orientierung in der Kita?
- **Werte** ► Existieren Teamkonsense über Kolleginnen unterschiedlicher Kulturen und Glaubensrichtungen?
- **Perspektive** ► Wohin bewegen sich die Visionen der Kita?

Oftmals erreicht man mit „gut gemeinten" Personaleinstellungen das Gegenteil von gut für die betreffende Kita. Es ist Wahnsinn, wie viele Ressourcen dafür draufgehen, Kolleginnen und Kollegen zu einer konstruktiven Zusammenarbeit zu motivieren, die einfach nicht gut zusammenarbeiten. Und da ist es im Ergebnis wirklich gleichgültig, ob sie nicht wollen oder können. Unsere ganzen weich gespülten Konzeptionen übertünchen die Tatsache, dass es wichtiger ist, ob Menschen sich sympathisch und wohlgesonnen sind, um gut miteinander auszukommen, als ob sich Arbeitskolleginnen in einer Kita auf schriftlich festgelegte Arbeitsleistungen verständigen, die einfach zu erbringen sind. So etwas klappt vielleicht am Fließband oder im Büro (und selbst dort nicht wirklich!), aber sicher nicht in einer Kita.

Wie wäre es, wenn man für Ihre Kita eine ganz individuelle Stellenausschreibung kreiert? Eine, die sich von all den anderen genormten Anzeigen angenehm abhebt? Ja, ja, wir hören schon die Einwände, was solche Anzeigen in den Zeitungen kosten. Aber es ginge doch auch anders:

Wir suchen DICH
für unsere freie Kita Kunterbunt in Bensburg!

DU bist eine pädagogische Fachkraft, auf der Suche nach einem neuen beruflichen Abenteuer und liebst es, Kindern vorzulesen und sie in ihrer Entwicklung zu begleiten. Wir wünschen uns eine Kollegin, die Freude an Musik und Bewegung mitbringt. Dafür bieten wir eine entspannte Atmosphäre und ganz viel Arbeitsfreude in einem bunten Team mit tollen Menschen.

Magst DU mal bei uns vorbeischauen?

Dann melde DICH bei Frau Neuschneider unter der 0123456789.

So oder ähnlich individuell könnte ein Poster aussehen, das Ihre Kita in Absprache mit Ihrem Träger gestaltet. Eltern, Kinder, Trägervertreter und sie als Team können die vervielfältigten Ausschreibungen dann in der nahen und weiteren Umgebung der Kita aushängen. In Geschäften, Turnhallen, an der pädagogischen Hochschule, den Fachschulen für soziale Berufe, in der Stadtbücherei, als Mailanhang auch beim Arbeitsamt – das ist kostenfrei, individuell, sie sind als Team eingebunden und bringen zudem noch Bewegung in die Kita – beispielsweise, wenn Sie die Aushänge mit Ihren Kolleginnen oder Kindern außerhalb der Kita anbringen – **einfach genial**, oder?!

Patenschaft für neue Kolleginnen

Wissen Sie noch, wie Sie sich an Ihrem ersten Arbeitstag in einer neuen Kita fühlten? Haben Sie in der Nacht davor schlecht geschlafen, lagen Sie wach vor Aufregung? Haben Sie sich ratsuchend an Ihre Familie oder Freunde gewandt, um sich Zuspruch und Unterstützung einzuholen? Und wie verlief er dann, Ihr erster Kita-Tag?

Lassen Sie Ihre neue Kollegin
auf einer Empathie-Welle surfen.

Empathie, also das Einfühlungsvermögen in andere Menschen, stellt sich dann ein, wenn ich „nachempfinden" kann, was ein anderer Mensch erlebt. Ich vergleiche eigene Erfahrungen, die ich in einem ähnlichen Kontext gemacht habe, und kann mich dadurch in mein Gegenüber versetzen. Die Fähigkeit zur Empathie ist wesentliche Voraussetzung, um soziale Werte wie Rücksichtnahme, Hilfsbereitschaft, Nächstenliebe, Zusammenarbeit, Gemeinschaft oder Konfliktfähigkeit erlernen und ausüben zu können. Sich in die Situation neuer Kolleginnen hineinversetzen zu können, müsste eigentlich allen Kita-Kolleginnen gelingen. Trotzdem geschieht es in Kitas, dass sich neue Kolleginnen nicht wirklich gut angenommen und aufgehoben fühlen in ihrer ersten Zeit als „die Neue" im Team. Alles scheint neu und viel zu sein. Zudem führen Unsicherheiten zu kleinen Fehlern, oder aus Unkenntnis entstehen erste Missverständnisse, die es aufzulösen gilt. In kaum einer Kita existiert ein Leitfaden für neue Kolleginnen, der topaktuelle Informationen rund um den gelebten Kita-Alltag bereithält. Die meisten Kolleginnen springen einfach ins kalte Kita-Wasser und versuchen, sich über Wasser zu halten. Rudernd, schwimmend, schaukelnd, prustend – die erste Zeit im Meer einer Kita ist turbulent. Jede Kollegin, die diese Erfahrung mehrfach erleben durfte, wird für die sanfte Eingewöhnung neuer Kinder ein neues Verständnis entwickeln. Auch sie würde am liebsten erst einmal stundenweise und in Begleitung einer Bezugsperson die neue Stelle antreten. Nun, die eigene Mutter oder den eigenen Vater zur neuen Kita-Stelle mitzunehmen, ist natürlich ein aberwitziger Gedanke.

Aber wie wäre es mit einer Paten-Kollegin aus dem Kita-Team? Das ist doch einmal eine gute Möglichkeit der begleiteten Eingewöhnung einer neuen Kollegin, finden wir. Wie könnte das in der Praxis aussehen?

Sobald klar ist, dass ein Personalwechsel stattfinden wird, übernimmt eine Kollegin aus dem Team – und das muss nicht die künftige Gruppenkollegin sein – die Patenschaft für die neue Kollegin. Sie lädt das künftige Teammitglied zu einem Kennenlerngespräch in die Kita ein. Hierfür nimmt sie am besten per E-Mail oder telefonisch Kontakt auf, um sich auf einen günstigen Termin zu verständigen. Die Patin nimmt sich Zeit, um eventuelle Fragen der neuen Kollegin zu beantworten und überlegt sich, wie es ihr am besten gelingen kann, den Einstieg zu erleichtern. Sie versucht, die Brücke zwischen neuer Kollegin und Kita zu schlagen. Sie zeigt eventuell nochmals die Räumlichkeiten, erläutert Dienstpläne, aktuelle Projekte und Termine.

> Willkommen in unserer Kita, liebe Kollegin.
> Ich helfe dir gerne beim Einstieg in unsere Kita!

Nach und nach sollten alle Teammitglieder mal eine Patenschaft übernehmen, sofern das machbar ist. Allerdings sollten nur Menschen zu Paten werden, die Lust dazu haben. Menschen im Team, denen es gerade Freude bereitet, sich eines anderen Menschen anzunehmen. Die ersten Wochen des Neubeginns werden weiter aktiv von der Patin begleitet. Sie setzt sich kleine Etappenziele mit ihrer Patenschaftskollegin, vereinbart Termine zum Austausch und bietet Unterstützung in allen Kita-Bereichen. Im besten Fall profitieren beide Seiten von der Zusammenarbeit und es entsteht eine vertrauensvolle Beziehung, die sich positiv auf das pädagogische Miteinander erweist.

Leitungswechsel kreativ und fair gestalten

Ein Wechsel in der Leitungsposition bringt aufregende Zeiten mit sich. Vor allem Team und Eltern, aber auch der Träger der Einrichtung und Vertreter der sozialen Netzwerke fragen sich, wie es mit ihrer Kita weitergehen wird, – und alle Beteiligten suchen nach ihrer Position im neuen Gefüge. Welche Traditionen werden erhalten bleiben? Was wird sich organisatorisch, personell oder pädagogisch verändern? Was bringt die „Neue" an Ideen mit?

Eine neue Leitung fällt nicht vom Himmel. Zumeist geht der Besetzung einer freien Leitungsstelle eine Planungszeit voraus, die sinnvoll genutzt werden kann, um den Übergang von „alter" und „neuer" Leitung angenehm und effektiv zu gestalten. Hier sind zunächst die Trägervertreter als zuständige Arbeitgeber in der Pflicht. Sie tragen die Verantwortung und die Fürsorgepflicht für ihre Angestellten in der Kita. An ihnen liegt es, sich im Vorfeld eines Leitungswechsels Gedanken zu machen zu den 3 „W-Fragen":

Wann?
- Ab wann ist die Stelle vakant?
- Bekanntgabe des Wechsels – beim Team, bei den Eltern?

- Terminierung von internen Trägertreffen zur Absprache!
- Urlaubs-/Überstundenansprüche mit bisheriger Leitung klären!
- Übergabe von Kassen, Büro, Organisation an Träger datieren!
- Übernahme von Kassen, Büro, Organisation an neue Leitung festlegen!

Wer?

- Betreuung der bisherigen Leitung im Trennungsprozess von Trägerseite benennen: Wer investiert Zeit für die Belange, Anliegen oder Sorgen der scheidenden Leitung?
- Übernahme der Betreuung für die neue Leitung während ihres ersten Leitungsjahres klären: Wo ist Unterstützung notwendig oder gewünscht, welche Schritte werden gegangen, was läuft alles gut oder wo hakt es?
- Zuständigkeit für die Erstellung eines Zielkatalogs entwickeln: Ein vom Team gewähltes Teammitglied, die neue Leiterin und ein Trägervertreter treffen sich wöchentlich zu einer Reflektion im ersten Jahr. Dabei werden Ziele für die Folgewoche formuliert und später überprüft.

Wie?

- Zuständigkeiten unbedingt schriftlich fixieren!
- Informationen an Team, Eltern und soziale Netzwerke dokumentieren und in zeitlicher Reihenfolge ablegen!
- Wünsche des Teams an die neue Leitung erfragen, am besten schriftlich und anonymisiert. Im Trägergremium besprechen!
- Zeitlich notwendige Ressourcen für eine professionelle Begleitung des Übergangs benennen und ermöglichen.
- Plan „B" ausdenken: Was ist, wenn sich größere Schwierigkeiten ergeben? Wer übernimmt im Notfall das Kommando?
- In der Ruhe liegt die Kraft … – Lassen Sie sich Zeit bei einem Leitungswechsel: Das erste Jahr sollte ohne Druck, mit viel Wohlwollen und Nachsichtigkeit ablaufen.

Wo ein Wille ist,
weisen sich Wege!

Neben diesen allgemeinen Hinweisen gilt es selbstverständlich, den individuellen Gegebenheiten vor Ort Rechnung zu tragen. Konfessionelle Träger haben die Möglichkeit, einen Leitungswechsel in Form eines oder zweier Gottesdienste zu zelebrieren. In einem Ältestenkreis oder einer Gemeinde stehen vielleicht mehrere Personen zur Verfügung, sich um den Leitungswechsel zu kümmern. Es ist ein Unterschied, aus welchem Grund ein Leitungswechsel erfolgt. Je nach Ausgangslage sind hier seitens des Trägers Fingerspitzengefühl, Takt und Anstand von ausschlaggebender Bedeutung für den Verlauf und den Erfolg an der Spitze einer Kita notwendig.

Die Leitung einer Kita ist ein hochsensibles Feld. Eine klare Haltung des Trägers hierzu ist von entscheidender Bedeutung für einen gelingenden Übergang.

Die eindeutigen Signale, sich rechtzeitig, planvoll, vertrauenswürdig und – vor allem – nachhaltig für eine geeignete Führung und Organisation einer Kita einzusetzen, sind ebenso wichtig wie der personelle Aufwand, sich aktiv am Gelingen zu beteiligen. Mit der Einstellung hört die Personalverantwortung also nicht auf! Hier beginnt vielmehr der WIRKLICH spannende Part … – Wie kann es erreicht werden, dass sich Kita-Leitung, Kita-Team und Kita-Träger als eine gemeinschaftliche Interessengruppe begreifen, die ihren Kita-Alltag zusammen gestalten und meistern?

Im Prinzip lässt sich ein gelingender Übergang auch als ein „Hand-in-Hand"-Modell betrachten, in dessen Verlauf sich der Träger als die stärkende, partnerschaftliche und wohlwollende Hand betrachtet, die ihrer Leiterin und ihrer Kita Kraft, Sicherheit und engen Kontakt vermittelt.

Der Träger reicht seiner Leiterin und seiner Kita die Hand.

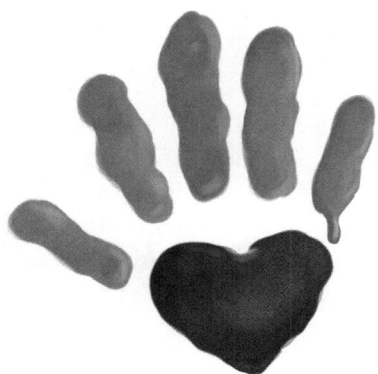

Wohlwollend unterstützen!

Gemeinsam sollten Träger und neue Leiterin in einen Dialog treten, wohin die Kita sich entwickeln soll. Welche **Schwerpunkte** sind bereits etabliert, was hat sich in der Vergangenheit bewährt, woran möchte man festhalten? Gibt es seitens des Trägers **Visionen** für die Zukunft? Worin sieht die neue Leiterin ihre **Stärken und Talente?** Welche **Vorerfahrungen** kann sie in den Wechselprozess einbringen?

Keine Fragen sollten ausgelassen werden, die dem Träger oder der neuen Leiterin wichtig erscheinen. Je mehr Aspekte und Fragen frühzeitig abgeglichen werden, desto klarer sind die Aufgaben.

Die Weichen werden im Vorfeld gestellt.

In den Vorstellungsrunden der Bewerberinnen können hier bereits entscheidende Weichen für ein erfolgreiches Miteinander gelegt werden. Eine Bewerberin oder neue Leiterin darf und sollte sich offen und frei zu ihren „Steckenpferden" bekennen dürfen. Liegen ihr die administrativen Verwaltungsaufgaben sehr am Herzen, organisiert sie gerne Feste und liebt Öffentlichkeitsarbeit, ist sie gerne mit den Kindern zusammen und übernimmt sie Dienste in der Gruppe, liegen ihr Mitarbeitergespräche am meisten oder sieht sie sich in erster Linie als Vorgesetzte, die auf die Einhaltung von Regeln achtet? Stutzig werden sollte ein Träger, wenn eine Kandidatin ihre Schwerpunkte in allen möglichen Arbeitsbereichen sieht, denn das wäre fast schon übermenschlich.

Umgekehrt sollte eine Bewerberin oder neue Leiterin sich wundern, wenn so viel von ihr erwartet wird, dass von vornherein Überstunden und Mehrarbeit notwendig sein werden.

Leider nutzen manche Träger ihre Wahlmöglichkeiten dahingehend, sich eine neue Leiterin auszusuchen, die für diesen Job bereit ist, weit mehr zu leisten als es in einer 39-Stundenwoche leistbar ist.

Letztlich gibt es in einer solchen ungesunden Konstellation keine wirklichen Gewinner, da permanente Überforderung in Krankheit, chronische Überlastungssymptome oder schlicht in Demotivation münden – auf beiden Seiten übrigens!

Sobald klar ist, dass eine Leitungsstelle neu zu besetzen ist, kann das Team in die Planungsphase der Neubesetzung eingebunden werden. In einer Wunschbox können die Kolleginnen Wunschzettel an die neue Leitung legen. Lassen sie eine Teamsprecherin wählen, gerade bei Teams mit mehr als 6 Kolleginnen macht das Sinn. Die geheim gewählte Teamsprecherin fungiert als Bindeglied in das Team und als unmittelbar Betroffene für den Träger. Diese Person kann, MUSS aber nicht zwangsläufig die stellvertretende Leitung sein. Es sollte eine Kollegin sein, die sich darauf freut, einer neuen Leiterin zur Seite zu stehen und den Prozess des Leitungswechsels positiv mitzugestalten.

Ob der Träger von der Beteiligung der Teamsprecherin bereits bei der Stellenausschreibung und der Auswahl der Bewerberinnen, oder erst bei den Vorstellungsgesprächen oder nach der erfolgten Neuanstellung Gebrauch macht, unterliegt den Traditionen und Führungsansätzen des jeweiligen Arbeitgebers.

Dieser Ansatz, das Team an einem Leitungswechsel zu beteiligen, birgt ganz erhebliche Vorteile: das Team wird aktiv beteiligt, das Auswahlverfahren wird transparent gemacht und die Wichtigkeit des Teams wird stark betont. Schließlich wird es ja auch das Team sein, das hauptsächlich mit der neuen Leiterin klar kommen muss!

Ein Leitungswechsel gleicht einem Puzzle.

Der Rand bleibt bestehen, die inneren Teile werden **„neu gemischt"** und müssen wieder zu einem großen Ganzen zusammengefügt werden. Das gelingt besser mit Zeit und Muße. Und indem sich die rahmengebenden Personen wie Träger und Team mit einer **herzlichen Willkommenskultur** um ihre „Neue" kümmern, ebnen sie ihr den Weg, in der Kita anzukommen und sich wohlzufühlen. Erst danach kann ein Zusammenwachsen stattfinden!

Vertrauensvorschuss zahlt sich aus

Hier möchten wir einfach einmal eine Lanze dafür brechen, Menschen respektvoll, freundlich, zuvorkommend und vertrauensvoll zu begegnen. Sie erinnern sicher den ALOHA-Spirit mit all seinen wundervollen Bedeutungen und Auswirkungen. In einer Gesellschaft, in der sich die Technisierung und Kommerzialisierung selbst zu überholen scheint, sind Vertrauen und Respekt ins Hintertreffen geraten. Misstrauen und Respektlosigkeit haben vielerorts schleichend Einzug gehalten. Jeder ist in seiner eigenen virtuellen Welt und versucht, in seine Lebenszeit so viel wie möglich reinzupacken. Als ließe sich Zeit doppeln oder vermehren, haben Hektik und Stress rasant zugenommen. Die Autos werden immer dicker und protziger, die sozialen Medien ersetzen die Echtkontakte und es ist keine Seltenheit mehr, wenn Menschen beim gemeinsamen Besuch eines Restaurants oder einer Bar lieber im Internet unterwegs sind, als sich mit ihren Gegenübern tatsächlich zu unterhalten. Verrückt, oder?

An den Kindern ist gut zu sehen, dass wir Menschen nach wie vor wie früher ticken. Kinder spielen gerne im Sand, sie bauen Burgen und backen Kuchen, sie klettern gerne auf Bäume (dürfen das aber kaum noch) und bauen sich Hütten und Höhlen. Sie genießen es, zu wachsen. Sie freuen sich aufs Größerwerden. Sie sind stolz wie Oskar, wenn sie gelobt werden. Sie strengen sich an, den Erwachsenen nachzueifern. Sie lieben es, wenn man ihnen mit Hingabe vorliest, mit ihnen Ball oder Verstecken spielt oder mit ihnen das Schwimmbad besucht. Zumeist ziehen sie diese reale Welt mit direktem Kontakt zu Mensch, Tier und Natur den künstlichen Kontakten wie Fernsehen, Computerspielen oder Internetwelten vor.

Kinder vertrauen uns Erwachsenen.

Sie schenken uns einen riesigen Vertrauensvorschuss, dass wir wissen, wo es langgeht und was das Beste ist. Wir Großen geben die Regeln vor. Wir leben den Kindern Werte vor. Wir sind in der Verantwortung.

Wir möchten eine Lanze dafür brechen, auch Kindern einen Vertrauensvorschuss mit auf Ihren Kita-Weg zu geben. Kindern wohnt ein Zauber inne, sie surfen in ihrer eigenen wunderbaren Liga. In einem Meer voller Reizüberflutung finden sie ihren ganz eigenen Lebensweg, auch durch und mit unsere(r) Hilfe. Einem Menschen, egal wie alt er ist oder welches Päckchen er zu tragen hat, sein Vertrauen und seinen Respekt zu schenken, ist ein zeitloses Gut. Und grenzenlos wichtig für diese Welt.

Wir sind uns sicher, dass sich ein Vertrauen an eine gerechte, friedliche und nachhaltige (Kita-)Welt lohnt. Machen Sie mit?!

2
Die Kita ist ein Meer
oder Mehr an Zeit

2.1
Vom genialen Umgang mit Zeit

Kostbare Zeiten sichtar machben

Starten Sie in Ihrer Kita doch mal folgende Umfrage bei Ihren Teamkolleginnen:

Bitte notiere in kurzen Stichworten einen durchschnittlichen Arbeitsalltag in der Kita – und zwar vom morgendlichen Erwachen bis zum Einschlafen. Wann denkst du das erste und wann das letzte Mal an die Kita und die Arbeit dort, und was geschieht dazwischen? Sie werden erstaunt feststellen, dass zu der eigentlichen Arbeitszeit in einer Kita noch etliche „uneigentliche" Minuten hinzukommen, in denen Sie und Ihre Kolleginnen gedanklich oder praktisch für die Einrichtung tätig sind. In manchen Kitas werden vor Dienstbeginn Einkäufe für das Frühstück mit der Kindergruppe erledigt, fehlende Windeln für die Krippenkinder eingekauft oder beim Bauernhofladen rasch noch frische Eier für das Mittagessen abgeholt.

Die Worte: „Ich muss noch schnell …", sind Ihnen sicherlich bestens vertraut.

Und genau hier möchten wir ansetzen:

Sie MÜSSEN gar nichts!

Und schon gar nicht rasch oder schnell oder sofort! Schaffen Sie das Wörtchen „MUSS" **einfach genial** ab!

Das Einzige, was wir Menschen irgendwann tatsächlich müssen, ist zu sterben. Die Zeit zwischen Geburt und Tod jedoch liegt in unseren Händen. Hören Sie auf, andere Menschen oder Umstände dafür verantwortlich zu machen, wie es Ihnen geht. Nehmen Sie lieber Ihr Schicksal in die Hand und leisten Sie sich das Leben, das Sie führen möchten.

Natürlich hat es Konsequenzen, wenn Sie nach der Maxime „Ich MUSS gar nichts" leben und wenn Sie bei manchen Dingen einfach sagen: „Das mache ich nicht." Aber Sie können Ihre Verweigerungshaltung ja sicher gut begründen, indem Sie beispielsweise hinzufügen „..., weil es mir nicht gut tut" oder „..., weil ich das als ungerecht empfinde" oder „..., weil das einfach zu viel für mich ist".

Wenn es Ihnen gelingt, sich die unzähligen Momente in Ihr Bewusstsein zu bringen, in denen Sie Dinge tun, von denen Sie dachten oder denken, diese tun zu MÜSSEN, dann ist das bereits die halbe Miete zu einer Verhaltensänderung in Richtung neuer (Kita-) Wohnung. Und wenn Sie dann noch darauf achten, Ihre Aufgaben und Tätigkeiten mit Ruhe, Zuversicht und Gelassenheit anzugehen, statt schnell noch, gleich, zügig, rasch, eben noch nebenbei all die Dinge bewältigen zu wollen, dann wartet Ihre „Traumlocation" auf Sie.

Ihre kostbare Kita ...

Also, raus aus den muffigen Kita-Räumen voller Müssen und schnell, schnell und hinein in das gemütliche Loft, luxuriöse Penthouse oder das urige Häuschen im Grünen. Oder träumen Sie seit Kindertagen von einem Leben in einem Baumhaus? Dann nur zu, machen Sie sich Ihre Kita zu einem Ort, an dem Sie sich wohlfühlen. Ihre Zeit in und für die Kita steckt voller kostbarer Momente. Im Hawaiianischen bedeutet „Hawaii" etwa so viel wie „Himmel" oder „Paradies". Und wäre das nicht super, in einer paradiesischen oder himmlischen Kita zu arbeiten?

Arbeitszeit ist Lebenszeit

Unsere Gesellschaft ist in eine Arbeitswelt und eine private Welt unterteilt. Für viele Menschen ergibt diese Teilung Sinn. Sie möchten in ihrer einen Welt ihrer Arbeit nachgehen, und in ihrer anderen Welt möchten sie ihrem privaten Leben nachgehen. Es gibt Menschen, die von sich behaupten, „privat" ganz anders zu sein als bei der Arbeit – oder umgekehrt. Menschen, die ihre Arbeit im Grunde nicht leiden können und Dinge erledigen, die ihnen nutz- oder sinnlos erscheinen oder vielleicht stupide und langweilig, sind nicht zu beneiden. Entweder klagen und jammern sie über ihre Arbeit, oder sie suchen ihr Heil darin, gar nicht über ihre Arbeit zu sprechen, sie quasi privat auszublenden. So als gäbe es diese Arbeit und diese Arbeitsstelle gar nicht. Das finden wir irgendwie sehr seltsam. Sie auch, liebe Leserin?

Es existieren doch so viele unterschiedliche Berufe bei uns. Warum wählt jemand einen Beruf oder übt einen Beruf aus, wenn er oder sie ihn gar nicht gut findet oder ausgesprochen mag?

Klar, wegen des Geldes, weil das Leben eben Geld kostet und so weiter. Vielleicht wurden sie ja auch in diese Tätigkeit gedrängt, von ihren Eltern oder Partnern?

Wir fragen uns trotzdem: Warum BLEIBT ein Mensch in einer Arbeit, die ihm oder ihr keine Freude bereitet?

Sie haben sie doch auch vor ihrem geistigen Auge, oder? Sie kennen Menschen in Ihrer Umgebung, die ungern zur Arbeit gehen, die über schlechte Arbeitsbedingungen klagen, ein mieses Betriebsklima, Mobbing, Bossing, Whistleblowing, … oder? Man könnte den Eindruck gewinnen, dass Firmen und Arbeitgeber es regelrecht drauf angelegt hätten, ihre Arbeitnehmerinnen und Arbeitnehmer in eine psychische oder physische Krankheit zu treiben, sieht man sich die seit Jahren steigenden Krankheitsbilder unserer Mitmenschen an. Und ganz drastisch ist es im sozialen Bereich. Ehrlich gesagt, fehlen auch uns Autorinnen manchmal die Worte. Wenn aus Fehlern einfach nichts gelernt wird – weder auf Trägerseite der Kitas, noch auf Erzieherinnenseite der Kitas. Aber wir geben es nicht auf, darauf hinzuweisen, dass (in Anlehnung an den Werbeslogan eines bekannten Parfüm-Konzerns)

Come in … – and burn out!

Einhalt geboten wird.

Sie können es drehen und wenden, wie Sie wollen, Sie nehmen Ihr Leben mit zur Arbeit. Es lässt sich eben nicht in der Privatwohnung zurücklassen oder an der Kita-Tür ablegen bis zum Feierabend. Sie sind EIN Mensch und als dieser eine Mensch spazieren Sie durch Ihr Leben, ob privat, beruflich, öffentlich, auf Facebook und Co. – ob in Köln, Paris, Honolulu, Amsterdam, New York oder auf den Malediven. Jeder Mensch geht durch sein eines Leben hier auf dieser Welt. Und versucht, das Beste daraus zu machen. Die Zeit bleibt gleich, die Zeiger der Uhren laufen vorwärts, und wenn es an der richtigen Zeit ist, sollte man (das Leben) loslassen können. In dem Kinofilm „Der seltsame Fall des Benjamin Button"[1] dreht sich in den 159 Minuten Spieldauer alles um die Frage Zeit und wie man seine Zeit gestaltet. Der Hauptdarsteller lebt sein Leben in umgekehrter Reihenfolge, das ist echt beeindruckend. Es wird als Greis geboren, mit alten Knochen, faltiger Haut und Arthrose in den Gelenken. Im Laufe der Zeit wird er zunehmend jünger, vitaler und gesünder. Als er schließlich seiner Lebensliebe begegnet, wissen beide, dass ihre Liebesbeziehung nur einen begrenzten Zeitraum optimal verlaufen kann. Denn während er immer jünger wird, altert seine Frau. Diese Tatsache und viele Hindernisse mehr, lassen die beiden Liebenden erkennen, dass alles gut wird, was man mit Liebe und Hingabe tut. Ein Bedauern, nicht früher zueinander gefunden zu haben, wäre verschwendete Zeit. Die Zeit, die ihnen gemeinsam verbleibt, bewusst zu genießen und mit Liebe zu füllen, ist ihre Aufgabe. Und die gemeinsame Zeit als Geschenk zu empfinden, macht die Zeit zum kostbarsten Gut. Dankbarkeit für die tollen Momente des Lebens ist einfach. Dankbarkeit für die schwierigen und herausfordernden Momente des Lebens empfinden zu können, ist **einfach genial**.

> Nicht dem Leben mehr Tage zu geben, ist eine Kunst,
> sondern den Tagen mehr Leben.

Seine Lebenszeit zu Lebzeiten wert zu schätzen, klingt selbstverständlich, ist es aber nicht. Unsere Gedanken kreisen häufig um Bedauern, etwas verpasst oder falsch gemacht zu haben in der Vergangenheit; oder um alles Störende und Stressige in der Gegenwart, das uns davon abhält, zufrieden zu sein; oder um unsere Ängste und Sorgen in Richtung Zukunft. Einer Arbeit seine wache und tatkräftige Zeit des Tages zu widmen, die einem Menschen keinen Spaß und keine Freude macht, ergibt lebenstechnisch deutlich weniger Sinn als eine Arbeit, der ein Mensch mit Lust und Frohsinn nachgeht. Stellen Sie sich und Ihren Mitmenschen, egal ob Kolleginnen oder Freundinnen, doch einmal die Frage danach, was Sie wirklich, wirklich gerne tun. Und lassen Sie die Antworten auf sich wirken. Was könnten mögliche Antworten sein?

- In Urlaub fahren
- Lesen

---

1   Vgl. „Der seltsame Fall des Benjamin Button", mit Brad Pitt und Cate Blanchet, 2008.

- Shoppen
- Fahrradfahren
- Schwimmen
- Faulenzen
- Filme schauen
- Essen
- Schlafen
- Meditieren
- Yoga
- Haustier streicheln
- Zeit mit der Familie verbringen
- Zeit mit Freunden verbringen
- Zelten
- Malen
- Ein Instrument spielen
- Auto fahren
- Im Internet surfen
- Gartenarbeit

Egal, womit Sie Ihre Lebenszeit gerne verbringen. Tun Sie es so häufig wie möglich. Integrieren Sie Ihre Hobbys, Talente und Neigungen in Ihre Arbeit in der Kita. Sie fahren gerne **Fahrrad**? Sie **lesen** gerne? Sie praktizieren **Yoga**? Oder **faulenzen** in Ihrer Freizeit am liebsten?

- Dann gründen Sie eine Fahrradgruppe und fahren mit Kindern/Kolleginnen einmal pro Woche los.
- Na, dann ist alles rund um Literacy wie geschaffen für Sie. Kümmern Sie Sich um eine Bibliothek in Ihrer Kita, übernehmen Sie ein regelmäßiges Vorlese-Angebot oder organisieren Sie eine tolle Buchausstellung.
- Mit Kindern Yoga machen im Turn- oder Gruppenraum – etablieren Sie in Ihrer Kita das Kinderyoga als Qualitätsmerkmal.
- Hier können manche einfach so bleiben wie sie sowieso schon arbeiten. (Kleiner Scherz am Rande, den Sie uns bitte verzeihen, liebe Leserin.) – Spaß beiseite: Bieten Sie Kindern doch einfach mal eine halbe Stunde Ihrer Zeit ohne Ziel" an, indem Sie mit ihnen in einen störungsfreien Raum gehen und gemeinsam mit den Kindern schauen, was geschieht.

Seien Sie erfinderisch, mutig, denken Sie mal quer und mit Kolleginnen in neue Richtungen. Sie werden ungeahnte Möglichkeiten finden, die Ihre Arbeitsfreude steigern und Ihre Arbeitslaune heben. Je öfter Ihnen die Kita-Arbeit leicht fällt, je mehr Sie dort richtig gerne tun, desto gesünder bleiben Sie. Und davon profitieren ja dann auch Eltern, Kinder und alle Beteiligten in der Kita, aber eben auch Sie und Ihre Liebsten daheim in Ihrem Privatleben.

Wohltuende Stille – die Zeit der leisen Kita entdecken

Die Arbeitszeit in einer Kita wird begleitet von vielfältigen Geräuschen. Im Frühdienst ist es noch ganz still, das Herunterstellen der Stühle hallt, vielleicht vernimmt man das fröhliche Zwitschern der Vögel im Garten oder vorbeifahrende Autos während des Lüftens der Räume. Im Winter ist es sogar eine fast unheimliche Stille, die einen in der morgendlichen Dunkelheit empfängt. Doch mit jeder Minute Öffnungszeit steigt der Geräuschpegel in einer Kita an. Das Telefon klingelt, Eltern unterhalten sich auf den Fluren und Kinder werden begrüßt. Erste Spiele werden sprachlich begleitet. Bücher werden vorgelesen und besprochen, Kolleginnen sprechen sich ab. Viele Menschen kommen und gehen. Die kleinen Menschen und die Kolleginnen bleiben in der Kita. Zusammen verursachen sie ganz schön viele Geräusche. Manche sprechen auch von Lärm, der entsteht. Schreien, streiten, rufen, singen, toben, lachen, weinen – es kann heiß hergehen in einer Kita. Dabei wird die menschliche Stimme stark beansprucht. Und bei Erzieherinnen ist eine gesunde und funktionstüchtige Stimme immens wichtig.

Können Sie sich vorstellen, als Kita-Mitarbeiterin ohne Ihre Stimme auszukommen?

Wahrscheinlich und zu Recht nicht!

In den Kitas benötigen wir unsere Stimme. Sie ist neben einigem anderen unser wichtigstes Arbeitsinstrument.

Doch gehen wir deswegen schonend und nachhaltig mit unserer Stimme um? Behandeln wir sie gemäß ihrer Bedeutung?

Was tun wir, um unsere Stimme gesund und leistungsstark zu erhalten?

Ein schöner Impuls, den wir Ihnen mit auf Ihren Kita-Weg geben möchten, ist, die Zeit der leisen Kita für sich zu entdecken. Denn nicht nur für uns Erwachsene ist es anstrengend, unsere Stimme dauernd und lautstark zu betätigen. Nein, auch für Kinder ist es anstrengend, wenn sie einem hohen Geräuschpegel ausgesetzt sind. Stimme und Gehör sind kleine „Sensibelchen", die wir aber gerne behandeln als seien sie ganz selbstverständliche Handwerkszeuge, die immer einsatzbereit und benutzbar sind. Legen Sie sich während des Sprechens, Rufens, Singens zum besseren Verständnis mal eine Hand sanft auf die Schädeldecke, die andere Hand unterhalb Ihrer Brust. Sie werden merken, wie viel Aktion und Bewegung stattfinden. Ihr Inneres schwingt, mal stärker, mal schwächer. Totaler Aufruhr herrscht beim Schreien oder lauten Sprechen. Schimpfen findet fast immer mit lauter Stimme statt, ist also nicht nur für das gescholtene Kind anstrengend in seinen Ohren.

Wie herrlich **einfach** und **genial** kommt da die Idee einer leisen Zeit in der Kita.

Gleich am Morgen werden die Ankommenden von einem Schild empfangen, auf dem dieses Tagesmotto steht:

Heute ist bei uns der Tag der leisen Kita.

**Damit wollen wir unserer Gesundheit etwas Gutes tun,
indem wir unsere Stimmen und Ohren schonen.**

Macht ihr mit?

Natürlich ist das Ganze im Team abgesprochen und terminiert. Funktionieren tut es aber durch das Tun. Sie sprechen Kinder, Eltern und Kolleginnen mit sehr leiser oder flüstern- der Stimme an. Klar werden manche überrascht sein. Den Kindern macht es Spaß, für sie ist es eine spielerische Herausforderung. Entspannung und Stressabbau funktionie- ren bei Kindern und auch Erwachsenen am effektivsten, wenn die beiden Komponenten Bewegung und Stille sich ergänzen. In ihrem Buch „Bewegte Stille" beschreibt die Auto- rin und Kita-Fachfrau Sylvia Lendner-Fischer (2004, S. 10 ff.) dies auf sehr eingängige Weise:

„Die Bewegung führt uns nicht nur in die äußere Welt, sondern lässt uns auch in unser Innerstes eintreten. Indem wir unseren Körper bewegen, nutzen wir die Möglichkeit, Spannungen abzubauen, um dann zu unserer Seele und unserem ursprünglichen Geist vorzudringen. Wir erleben, dass sich Körper, Geist und Seele langsam aufeinander zube- wegen und wieder in Einklang kommen. Gelingt uns dies, fühlen wir uns wieder gebor- gen in der Quelle unseres Lebens. Wir sind dann glücklich und frei!

Die Stille lehrt uns Einfachheit. Sie lässt uns die Strapazen unseres komplizierten Lebens vergessen. In der Stille begegnen wir unseren Gefühlen und haben Zeit, ihnen nachzu- spüren. Oft sind wir davon sehr bewegt. (…) Als Erzieher sollten wir uns bemühen, der starken Überreizung im Leben der Kinder etwas entgegenzusetzen, damit sie gesund und fröhlich bleiben können."

Die Zeit der leisen Kita trägt diesem Anliegen Rechnung. Ruhige, leise Töne dominieren eine Zeitlang die Kita-Atmosphäre. Uns fällt auf, wie oft wir versuchen, einen hohen Lärmpegel zu „übertönen", indem wir bei beispielsweise schreiend um mehr Ruhe bitten. Paradox, nicht wahr? Sie werden sehen, was nur diese kleine Auszeit vom Gewohnten, Alltäglichen bereits bewirkt in Ihrer Kita. Und das Tollste daran ist, dass es unabhängig von Geld, Personalmangel, räumlicher Ausstattung oder den Jahreszeiten funktioniert. Alles, was Sie benötigen, tragen Sie in sich. Vielleicht bieten Sie in Ihrer Kita in der leisen Zeit – sagen wir von 7 Uhr bis um 11 Uhr – eine Fantasiereise für die Kinder an. Oder leises Turnen. Oder achtsames Spazierengehen. Oder Sie lassen die Kinder nach einer meditativen Musik frei malen.

Leises Singen, leises Springen, leises Frühstücken,
leise Gespräche im Morgenkreis, …
probieren Sie einfach alles auf leise Weise!
Werden Sie auf leise Weise eine weise Kita!

2.2
Vom genialen Umgang mit Zeitfressmonstern

Nach welchem Sprachförderkonzept arbeiten Sie?

Eines ist klar, es muss gewisse Sprachförderkonzepte schon deshalb geben, damit Kinder aus den unterschiedlichsten Kulturen die deutsche Sprache erwerben können.

- Wer lehrt Sprache?
- Wer ist Sprachvorbild?
- Wem eifern Kinder nach?

Es sind die Spracheigenarten und Sprechgewohnheiten der Erwachsenen im Alltag, die ins Blickfeld gehören, verbal und auch nonverbal.
Neben einem Schauplatz der Sprachkonzepte für Kinder, die mal mehr mal weniger effektiv sind, laden wir Sie, liebe Leserinnen ein, die Aufmerksamkeit auf die eigene Sprachkultur beziehungsweise das eigene Sprachverhalten zu lenken.
Wir laden zum Experimentieren ein!
Sie können dies allein für sich tun, oder auch im Team, das entscheiden Sie!

Und los geht's!

Eine Zeit ohne das Wörtchen „nicht"

Erinnern Sie sich vielleicht an folgende oder ähnliche gut gemeinte „Vorsichtsmaßnahmen" der Erwachsenen Ihnen als Kind gegenüber?

> „Mach dich nicht schmutzig!"
> „Pass auf, dass du nicht kleckerst!"
> „Lass deinen Tornister nicht im Flur liegen!"
> „Lass mich nicht so lange warten!" usw.

Und kennen Sie vielleicht auch die folgenden wiederum gut gemeinten „Vorsichtsmaßnahmen", die die Erzieherinnen in einer Kita Kindern gegenüber äußern?

> „Ich möchte nicht, dass du immer vom Tisch aufstehst."
> „Das geht nicht!"
> „Du sollst den Kai nicht immer ärgern!"
> „Es ist nicht in Ordnung, dass du das einfach wegnimmst." usw.

Sie können diese Liste der Negationen und Verbote im Team einmal ergänzen. Sie bringt sprichwörtlich die eigenen, selbst erfahrenen Sprachmuster aus der Kindheit auf den Tisch. Ja, wir sprechen das nach, was wir selbst in jungen Jahren gehört haben. Das wäre nicht weiter tragisch, wenn das kleine Wörtchen „nicht" uns nicht auf besondere Weise beeinflussen würde.

Das Wort „nicht"
findet keinen Zugang zu unserem Unterbewusstsein!

Mit anderen Worten, das Nicht gibt es nicht! Klingt komisch, ist aber irgendwie wahr! Das bedeutet: Unser Unterbewusstsein arbeitet mit Bildern. Jetzt stellen Sie sich das Bild vor, wenn die Botschaft an das Kind lautet: „Ich möchte, dass du nicht kleckerst." Im Kind wird dazu das entsprechende Bild geformt, nämlich wie es (nicht gibt es nicht) kleckert. Das Unterbewusstsein steuert zu diesem „Auftrag" die Muskeln: Der Auftrag lautete: Kleckere! Und schon ist es geschehen, das Kind kleckert. Das Bild vom „nicht kleckern" existiert nicht! Wenn Sie jetzt einmal darüber nachdenken, wie oft Sie oder wir alle das Wort „nicht" verwenden, gerade dann, wenn wir beim Kind ein gewisses Verhalten steuern oder es vor etwas schützen möchten, dann ist der Ärger über das Nicht-Gelingen-Wollen groß!

Was können wir tun?

Wir können dafür sorgen, dass wir das Unterbewusstsein mit positiven Bildern füttern. Um bei den Beispielen von oben zu bleiben, die in der Kita tagtäglich ablaufen, würden die positiven Bilder dann durch folgende Botschaften entstehen:

> „Ich stelle mir vor, dass du heute während des Essens am Tisch sitzt."
> „Ich kann dir zeigen, wie es geht."
> „Was magst du an Kai?"
> „Leg es einfach wieder zurück."

Jederzeit können wir das Unterbewusstsein mit positiven Bildern bereichern. Damit beschenken wir das Unterbewusstsein. Die kraftvollen „Ja-Bilder", die entstehen, wirken sich unweigerlich auf das Zusammenleben aller Beteiligten aus. Es ist nachvollziehbar, dass sich alle wohler fühlen werden.

Und nun zum Experiment.

Die „nicht" freie Zeit

Vereinbaren Sie im Team eine Zeitspanne, zunächst eine Viertelstunde, in der Sie das Wort „nicht" nicht verwenden. Das Wort „nicht" ist vollkommen tabu. Können Sie sich vorstellen, dass neue, kreative Umschreibungen und Formulierungen entstehen? Können Sie sich auch vorstellen, dass das Ganze sogar Spaß machen kann? Wir sind gespannt, welche Erfahrungen Sie dazu machen. Und zu guter Letzt: Bitte kein Stress: wenn Sie es schaffen, das Wort „nicht" in Zukunft einfach nur sparsamer zu verwenden, dann ist das **einfach** nur **genial**!

Und wenn Sie jetzt sagen „Das kann ich nicht", dann können Sie es!

Zurückhaltung versus Einmischung

Wie hoch ist der Redeanteil von Erzieherinnen im Verhältnis zum Redeanteil bei Kindern? Das ist natürlich sehr unterschiedlich und hängt von den jeweiligen kleinen und großen Menschen ab, wie sehr diese mehr oder weniger sprachlich aktiv sind. Es wird immer die etwas stilleren, leiseren Töne geben und die, die kraftvoll, eher lauter und auch häufiger zu hören sind.

Achten Sie doch einfach selbst einmal auf die Momente in Ihrem Kita-Alltag, in denen Sie NICHT, jedenfalls nicht verbal, reden. Sie werden mehr oder weniger feststellen, dass diese stillen Momente rar sind.

1   Wie hoch ist ihr eigener Redeanteil im Verhältnis zum Redeanteil der Kinder? Natürlich lässt sich dies nicht genau bemessen, da z. B. manche Kinder weniger und manche mehr reden. Sie können sich aber einmal grundsätzlich hineinfühlen und wahrnehmen, dass Sie die meiste Zeit – in welchem Kontext auch immer dies ist – mit „Reden" verbringen. Das ist hier einfach einmal nur Fakt und frei von jeder Bewertung!

Und nun gehen wir eine Frage weiter: Wer aber von uns, also die Erzieherin oder das Kind nimmt den Kontakt auf? Wer beginnt und warum beginnt er oder auch sie mit dem anderen aus welchen Gründen auch immer, zu reden? Genau dazu haben wir über einen langen Zeitraum Beobachtungen gemacht, die uns nachdenklich stimmten. Im Verhältnis zu den Kindern, ging der Kontakt mehr von den Erzieherinnen, aus. Wir möchten an dieser Stelle nicht weiter darauf eingehen, was genau der Grund der Kontaktaufnahme war. Wir möchten es deshalb nicht tun, um den Zeigefinger nicht darüber zu erheben, wie oft der Kontakt aufgenommen wurde, um ein Kind zu reglementieren oder um es zu maßregeln. Nein, lassen wir den Zeigefinger unten und erwähnen wir lieber die Momente, in denen die Erzieherinnen einfühlsam und achtsam ein Kind ansprachen, um es z. B. zu motivieren, an einem Spiel teilzunehmen oder dergleichen. Dagegen liebe Leserinnen ist nichts einzuwenden, definitiv nichts! Und, na klar kommt jetzt wieder ein **genialer Impuls** die Kontakte manchmal bewusst unter die Lupe zu nehmen, sie anders zu gestalten und zu erleben.

2   Was wäre, wenn wir den Kindern die Kontaktaufnahme einmal für einen Zeitraum überlassen?
    Das heißt, wir sind im Gruppenraum und reden nur dann, wenn Kinder auf uns zukommen und uns zu irgendeinem Thema ansprechen, befragen usw.
    Jetzt fragen Sie sicherlich, warum sollten wir das tun? Was macht das für einen Sinn? Schließlich möchten wir doch mit den Kindern im Kontakt sein, möchten ihnen sprachliche Anregungen geben und sie motivieren.
    Übertragen wir diese Situation einmal auf unsere Erwachsenenwelt.

3   Kennen Sie Menschen, die mit Ihnen in Kontakt treten, obwohl Sie selbst dies eigentlich in dem Augenblick gar nicht möchten?
    Sie sitzen im Wartezimmer eines Arztes und lesen eine Zeitschrift. Eine gute Bekannte kommt kurze Zeit später und setzt sich auf den noch freien Stuhl neben Sie. Das hat Ihnen gerade noch gefehlt. Gleich müssen Sie ins Sprechzimmer und das Kochrezept, das Sie gerade in der Zeitschrift ausfindig gemacht haben, ist hoch interessant. Sie lernen es gerade auswendig. Doch Sie werden angesprochen. Höflich, wie Sie sind, antworten Sie und sind auch gleich im Gespräch. Natürlich hätten Sie oder werden Sie auch irgendwie abblocken, je nach persönlicher Trickkiste. Überprüfen

Sie einfach einmal, wie oft Sie im Alltag in einem Kontakt sind, den Sie eigentlich gar nicht möchten!

Eigentlich wollen Sie, wollen wir, einfach einmal unsere „Ruhe haben", ganz für uns, bei uns, sein. Wie wunderbar fühlt es sich an, einfach nur mal den Tagträumen oder den Kochrezepten nachzugehen oder einfach „nichts zu tun".

Kinder bewegen sich oft über bis zu sieben Stunden in einer Gruppe von Menschen! Sie sind zwangsläufig ständig im Kontakt, mal mehr, mal weniger. Zwangsläufig reden sie im Spiel miteinander, hören gleichzeitig Gespräche im Hintergrund mit, werden zwischendurch von der Erzieherin angesprochen, oder sprechen von sich aus andere Kinder an. Unaufhörlich sind sie im Kontakt mit anderen Menschen.

4   Können Sie sich vorstellen, dass Kinder auch manchmal gar nicht angesprochen werden möchten?

Versetzen wir uns einmal in die Lage der Kinder. Es muss einfach entspannend sein, wenn eine Erzieherin sich eher im Hintergrund aufhält. Es muss einfach entspannend sein, wenn viele kleinere und auch größere ganz normale Alltags-Situationen kommentarlos geschehen, so ganz ohne Einmischung der Erwachsenen. Probieren Sie einmal eine Einmischung einfach nur handelnd, wortlos!

Wir laden Sie ein, sich selbst einmal zu beobachten.

Kommen wir doch gleich zum Experiment:

● Was passiert, wenn ich mich zurücknehme?
● Was passiert, wenn ich präsent bin, jederzeit ansprechbar (so dies personell möglich ist). Wie fühlt es sich an, Kinder einfach nur zu lassen? Achtung: bitte nicht zu verwechseln mit Laissez-faire!

Konkret ausgedrückt bedeutet dies: ich mische mich nach Möglichkeit nicht ein! Ich mische mich nur in Ausnahmesituationen ein, z. B. wenn ich beobachte, dass Kinder einen Konflikt nicht allein friedlich lösen können, sich äußerst unangemessen verhalten oder sich verletzt haben.

Es kann also sein:

● dass Paul am Basteltisch sitzt und NUR beobachtet, wie die anderen Kinder malen,
● dass Greta eine ganze Stunde am Frühstückstisch sitzt und ihr Frühstück (ohne Unterbrechung) genießt,
● dass zu viele Kinder auf dem Bauteppich spielen und es eng wird,
● dass Philipp sich darüber ärgert, dass die Teile vom Puzzle sich nicht ineinander fügen.

Bestimmt fallen Ihnen noch weitere Beispiele ein. Keine Sorge:

- Paul am Basteltisch lernt durch Beobachtung sehr viel! Und, er wird nicht jeden Tag nur beobachten!
- Greta am Frühstückstisch verpasst nichts! Im Gegenteil, sie zeigt uns Erwachsenen, wie achtsam und genussvoll ein Frühstück verzehrt werden kann!
- Die Kinder auf dem Bauteppich werden eine Regelung finden. Es wird ihre ganz eigene Regelung sein. Und wenn sie dennoch Hilfe benötigen, Sie sind ja da!
- Philipp beim Puzzeln ärgert sich, na und? Er übt sich in Geduld, er übt sich darin, „Fehler" selbst zu korrigieren.

Was passiert, wenn ich mich weniger einmische, weniger reguliere, weniger korrigiere, weniger einfordere, weniger motiviere, weniger ausgleiche, weniger zurechtweise?

Was passiert, wenn ich stattdessen einfach da bin; wenn ich sanft, achtsam und einfühlsam dann im Kontakt mit Kindern bin, wenn dies gerade in dem Augenblick von den jeweiligen Kindern erwünscht oder eingefordert wird?

Kinder senden Signale, wann sie uns brauchen!

> „Die Menschen vergessen, was du sagst und was du tust.
> Aber wie sie sich in deiner Gegenwart gefühlt haben,
> vergessen sie nie."
> (Maya Angelou)

Wie fühlt es sich an, sich zurückzunehmen und nicht mehr der Mittelpunkt des Geschehens zu sein?

Wir laden Sie ein, sich neben der ganz natürlichen Beobachtung von Kindern auch gleichzeitig selbst zu beobachten.

Keine Sorge, Sie sind und bleiben wichtig! Doch diese Wichtigkeit kann sich in einer Weise verändern, die allen Beteiligten zugutekommt.

Es ist an der Zeit, dass das „Sichzurücknehmen" in der Bewertungsskala des pädagogischen Verhaltens höher rangiert als das „Eingreifen"!

Fantasievolle Impulse
für mehr Leichtigkeit im Alltag

Mit dem „Sichzurücknehmen" geht ein bewusstes Beobachten einher. Die Fähigkeit, das Geschehen lauschend zu beobachten, mit anderen Worten ein beobachtendes Abwarten, ist eine wirkungsvolle Möglichkeit, den Kita-Alltag zu beeinflussen. Es ist gleichzeitig das Bild, das die Kinder sich von Ihnen machen werden: „Ich kann ruhig erst etwas ausprobieren und ich kann auch etwas falsch machen, sie lässt mich das in Ruhe tun!"

Schlüpfen Sie einfach mehrfach am Tag in die Rolle der „lauschenden Beobachterin". Sie reduzieren damit ihr eventuell „automatisiertes Einmischen" in die vielen Situationen, die Kinder auch ganz selbstständig regulieren können. Und wenn Sie von einem oder mehreren Kindern eingeladen werden, ihnen etwas vorzulesen, mit ihnen zu singen, zu tanzen, zu malen zu toben und dergleichen, dann genießen Sie das Spielen!

Befragt man Kinder, was sie sich von den Erzieherinnen wünschen, so klingt das so:

- sie soll vorlesen,
- sie soll mitspielen,
- sie soll lachen,
- sie soll mich trösten, wenn ich weine.

Seien Sie einfach mal die Fragestellerin und befragen Sie die Kinder Ihrer Gruppe! Zählen Sie einmal die Anzahl der Fragen zweier Kinder, die diese an einem Tag stellen. Dann machen Sie es ihnen am nächsten Tag einmal gleich. Kommen Sie einmal am selben Tag auf dieselbe Anzahl der Fragen wie die Kinder. Stellen sie ebenso unbedarfte Fragen wie die Kinder wie z. B.: „Wie kommt das Wasser aus dem Wasserhahn?"

Warum das alles?
Weil Sie damit Ihre festgefahrenen Sprachgewohnheiten durchbrechen. Statt der möglichen Ansprachen, der Zurechtweisungen, der Erklärungen, der Reglementierungen usw., stellen Sie mittels der Fragen die Neugierde in den Mittelpunkt. Auf diese Weise lösen wir uns von dem Zwang, Kindern gegenüber stets die richtigen Antworten geben zu wollen beziehungsweise zu müssen, um damit unsere Erzieherkompetenz zu unterstreichen. Wir lösen uns von dem Anspruch, etwas wissen zu müssen. Begegnen wir doch einfach zumindest manchmal der Offenheit der Kinder durch unsere eigene Offenheit, die durch das Fragenstellen ermöglicht wird. Wie großartig wäre es, wenn Erzieherinnen in der Zukunft die Aufmerksamkeit ein wenig mehr darauf richten, Kindern großartige Fragen zu stellen, statt ihnen großartige Antworten zu geben. Machen wir uns mit Kindern gemeinsam auf die Suche nach den Antworten und lassen wir zu, dass es auf eine Frage gleich mehrere gibt!

> „Ich bin nicht besonders klug,
> noch besonders begabt.
> Ich bin nur leidenschaftlich neugierig."
> (Albert Einstein)

1 Mein Mantra: Ich bin die Ruhe selbst!

Wir kennen dieses Mantra aus dem Sprachgebrauch. Nutzen wir es doch im Kita-Alltag. Setzen Sie sich in der Gruppe an einen der Tische, auf eine Couch oder dergleichen. Sagen Sie sich mehrfach im Stillen: „Ich bin die Ruhe selbst." Stellen Sie sich vor, Sie SIND die Ruhe! Atmen Sie Ruhe ein, atmen Sie Ruhe aus. Wie würde sich die Ruhe verhalten? Welchen Gesichtsausdruck hätte sie? Welche Bewegungen würde sie machen? Wie und wann spricht die Ruhe, oder hört sie mehr zu, als dass sie selbst spricht? Wie würde sie auf Situationen reagieren?

Sie lächeln, sind irritiert, finden das komisch? Das darf sein.

Gespannt sein dürfen Sie auf die Reaktionen der Kinder. Wenn Sie sich mehr Ruhe im Arbeitsalltag wünschen, dann handeln Sie wie eine ruhige Person! Ruhiges Denken und ruhiges Verhalten bringt Sie in die Ruhe! Wetten, dass?

2 Das lustige Referat

Sie sind und bleiben Sprachvorbild. Sie sollen möglichst Kinder darin unterstützen, ihre sprachliche Kreativität zu entwickeln. Wie aber steht es um Ihre eigene Fantasie? Und vor allem, können Sie über sich selbst lachen? Das kann man üben!

Aufgabe: Alle Teammitglieder schreiben ein Substantiv auf einen Zettel. Sie selbst stehen oder sitzen vor dem Team. Es wird Ihnen ein Thema genannt, zu dem Sie ohne Vorbereitung ein kurzes Spaßreferat halten sollen, z. B. zum Thema „Kinder brauchen Grenzen" oder „Gesundheit in der Kita" usw. Sie können aber auch selbst ein Thema bestimmen. Die inhaltliche Qualität der Rede spielt absolut keine Rolle! Sie beginnen ihre Rede. Nach und nach bekommen Sie reihum von jedem der Teammitglieder in kleineren oder größeren Zeitabständen einen der Zettel mit dem darauf stehenden Wort vorgehalten. Es kann gut sein, dass das Wort absolut nichts mit dem Thema Ihres Referates zu tun hat. Ihre Aufgabe ist es, möglichst fließend ihre Rede fortzusetzen und das entsprechende Wort mit zu verwenden. Denken Sie daran, es ist ein Spaßreferat und deshalb kann und wird der Inhalt recht komisch ausfallen. Lassen Sie Ihrer Fantasie dabei freien Lauf! Ein Referat sollte ca. drei bis fünf Minuten dauern.

3   Das leere Blatt

Diese Idee ist eine Einladung an Sie, sich auf die alte Tradition des Geschichtenerfindens einzulassen.

Ganz selbstverständlich lesen Sie als Erzieherin den Kindern Geschichten vor. Es gibt mittlerweile eine Reihe von wunderbaren Ideen, Kinder sprachlich zu fördern, auch mithilfe von Bilderbüchern. Manchmal sind Sie als Erzieherin voll dabei, wenn Maulwurf Grabowski wieder aus der Erde schlüpft, oder die dumme Augustine im Zirkus auftritt.

Ja, das Vorlesen ist wichtig, das ist definitiv nachgewiesen. Wir stellen Ihnen die folgende Frage:

- Lesen Sie in der Kita gerne den Kindern etwas vor? „Ja, klar", sagen Sie? Na prima.
- „Manchmal schon", sagen die anderen. Das klingt auch ehrlich.
- Und „eigentlich lese ich nur vor, weil es doch so wichtig ist", ist auch eine nicht seltene Antwort.

Und so ist es wie immer, Erzieherinnen sind einfach unterschiedlich in ihren Vorlieben in der Arbeit mit Kindern. Dies ist so, sei so und darf so sein!

Brechen wir doch einfach Gewohnheiten auch im Bereich der Bilderbuchbetrachtungen einmal auf. Eine **einfach geniale** Idee stellen wir hier vor, die Ihre ganz persönlichen, kreativen sprachlichen Kompetenzen wachrufen werden!

Es ist ein einfaches leeres Blatt, das Sie zum Geschichtenerfinden einlädt.

4   Kinder lieben es „so zu tun, als ob"

Kinder lieben zauberhafte, unrealistische, spontane, absichtslose und frei gewählte Momente, die ihnen einfach nur Flügel verleihen, die Welt mit ihren kindlichen Ansichten zu begreifen und zu entdecken. Ohne die klugen Belehrungen oder Korrekturen von Erwachsenen, die alles besser zu wissen scheinen.

Und dann geht es los. Sie sitzen mit dem leeren Blatt mit den Kindern zusammen und erzählen. Sie „tun so, als ob" alles auf diesem Blatt steht.

Was Sie erzählen sollen, fragen Sie?

Genau das ist Ihr ganz persönliches Sprachexperiment. Erzählen Sie, was Ihr Fantasievermögen erlaubt. Lernen Sie sich selbst näher kennen, in einer spontanen, ungeplanten Situation. Erfahren Sie, wie viel Spaß es machen kann, ganz unbefangen, unzensiert und völlig authentisch Geschichten zu erzählen. Sie selbst entscheiden, ob es wahre oder unwahre Geschichten sind.

Können Sie sich ausmalen, wie viel Spaß die Kinder haben werden?
Kinder lieben die Erzieherin, die über sich selbst lachen kann und das werden Sie garantiert. Kinder lieben die Erzieherin, die überlegt, wie es weitergeht und das werden Sie müssen, weil es keine vorgefertigten Texte und Spielregeln gibt. Kinder lieben die Erzieherin, die ihre eigene Fantasie ins Leben trägt und nicht zuletzt geben Sie auch sich selbst die Chance, kreativ und fantasievoll sein zu dürfen!

> Übrigens: Indem Sie es sich zur Gewohnheit machen, verrückende, freie, kreative Gedanken zu denken, regen Sie Ihr neuronales Netzwerk an. In Ihrem Gehirn bilden sich frische Vernetzungen – einfach himmlisch.

Es wird nicht lange dauern und die leeren Blätter werden eine Alternative zum „Maulwurf Grabowski" und zur „dummen Augustine" sein. Den Maulwurf und die dumme Augustine kennen die meisten Kinder, aber die Geschichten vom leeren Blatt werden sich nie wiederholen! Sie sind immer wieder neu.
Es braucht nicht lange, und auch die Kinder selbst werden mit einem leeren Blatt ihre ganz eigene Geschichte darauf ablesen!

5 Die ganz persönliche Gebärdensprache

Wie steht es mit Ihrer nonverbalen Kommunikationskompetenz? Sind Sie fit darin? Verstehen Kinder Ihre Gestik und Mimik?

Aufgabe: Stellen Sie sich vor, Ihr Arzt hat Ihnen eine einmonatige Sprechpause verordnet, da Ihre Stimmbänder eine Pause benötigen. Sie möchten natürlich dennoch in der Kita arbeiten, schließlich können Sie auch mit Ihren Händen noch einiges bewirken. Sie üben deshalb mit einer vertrauten Kollegin Ihre ganz individuelle Gebärdensprache ein. Eine Kollegin liest nun möglichst nicht ganz so schnell einen kurzen Text z. B. über Entwicklung von Kindern oder dergleichen und Sie begleiten währenddessen diesen Text mit Gestik und Mimik. Alle anderen schauen zu.

6 Zehn Minuten ohne Worte

Kinder lieben neue Spiele. Wie wäre es mit einem neuen Sprachspiel? Erzählen Sie den Kindern, dass Sie einmal etwas ausprobieren möchten.
Sagen Sie ihnen, dass sie nun einmal für eine kurze Zeit nichts von Ihnen hören werden. Sagen Sie ihnen, dass Sie alleine mit Ihrem Körper sprechen, dass Ihr Mund abgeschlossen ist. Sie können auch gerne symbolisch einen Schlüssel zur Hand nehmen, um das Verschließen zu demonstrieren. Das kennen viele von uns noch aus den eigenen

Kindertagen. Damals galt das Zuschließen des Mundes uns Kindern. Wir wussten, wir sollten still sein. Wie gut, dass Zeiten sich ändern!

Und jetzt sind wir Erwachsenen an der Reihe. Legen Sie los. Ihre Gestik und Mimik ist voll aktiv. Gestikulieren Sie mit Armen und Händen, mit dem ganzen Körper. Lassen Sie Ihre Gesichtszüge aufleben und spüren Sie, wie Sie mit Ihrer Mimik sprechen können. Gewiss, einiges, was Sie „sagen" möchten, wird nicht sogleich verstanden, aber der Spaßfaktor ist garantiert, bei den Kindern und bei Ihnen selbst auch. Probieren Sie dieses Spiel aus. An den Reaktionen der Kinder können Sie ablesen, ob Ihre Körpersprache verstanden wird.

Laden Sie dann die Kinder dazu ein, dieses Spiel mitzuspielen. Was passiert, wenn alle Münder der Gruppe einmal kurzweilig verschlossen sind?

2.3
Geniale Wege
aus dem Überstundenwahnsinn

Zeit ist relativ!

Wie handhaben Sie es in Ihrer Einrichtung mit den Öffnungszeiten, Dienstplänen, pädagogischen Vor- und Nachbereitungszeiten? Sind die Bring- und Abholzeiten fest geregelt oder steht die Kita-Tür allen Besuchern ganztägig offen? Wer legt bei Ihnen die Rahmenbedingungen fest in punkto Zeit(en)? Seit wann und für wie lange gelten in Ihrer Kita diese Zeiten? Halten sich alle Beteiligten an diese Zeiten? Haben Sie Ihre Kita-Zeiten schon einmal **einfach genial** hinterfragt und auf ihre Bedeutung für die Arbeit unter die pädagogische Lupe genommen? Kennen Sie unterschiedliche Zeitmodelle in Kitas?

Warum wir all diese Fragen stellen?

Weil der Umgang mit Zeit Ihre Kita-Arbeit maßgeblich prägt, gestaltet und strukturiert. Weil unbewusst gelebte Zeit erlebbar gemacht werden kann, indem man sich ihr zuwendet, statt sie nur geschehen zu lassen. Jede Sekunde, die wir in Bewusstheit erleben, hinterlässt innere Spuren in uns. Die Zeit ist nicht unendlich, unser Leben ist aller Voraussicht nach nicht unendlich. Die Endlichkeit Ihrer und unserer Lebenszeit hier ist es, was Antrieb spenden kann, sich dem Umgang mit Zeit zu widmen. Und da viele von uns ein recht langes Leben von ungefähr 80 Jahren vor uns haben, abzüglich der bereits gelebten Jahre, erscheint es doch sinnvoll, seine Zeit mit angenehmen Momenten zu füllen, oder? Und wenn ich die angenehmen Lebensmomente nicht bewusst als solche erkenne, dann verpuffen sie eben oder rauschen unerkannt an uns vorbei.

> „Wir müssen von Zeit zu Zeit eine Rast einlegen und warten,
> bis unsere Seelen uns wieder eingeholt haben."
> (Indianisches Sprichwort)

- Wie lesen Sie dieses Buch? Wodurch wurden Sie auf dieses Buch aufmerksam?
- Weshalb halten Sie es gerade jetzt in Ihren Händen? Lesen Sie es quer, blicken mal in dieses, mal in jenes Kapitel – scheinbar wahllos?
- Oder lesen Sie es von vorne bis hinten durch?
- Berühren Sie manche Zeilen oder Bilder?
- Wie viel Zeit nehmen Sie sich für das Lesen der Texte, und wie viel Zeit lassen Sie sich zum Nachklingen oder Nachwirken des Gelesenen?
- Wo lesen Sie – in der Kita, während einer Straßenbahnfahrt oder daheim im Lesesessel?
- Sind Sie in einem entspannten Zustand?
- Oder vielleicht gehetzt, weil ein Termin ansteht?

Es gibt viele Möglichkeiten. Es liegt maßgeblich an Ihnen selbst, wie Sie mit Ihrer Zeit umgehen – auch wenn es Ihnen manchmal so vorkommt, als würden andere Menschen und Institutionen über Sie bestimmen. Machen Sie sich bewusst, wie enorm groß Ihr Einfluss für Ihre Lebenszeit ist. Arbeitszeit, Freizeit – es geht um Sie und nur um Sie. Meist merkt man das erst in einer schweren Krise, einem Einschnitt, der vielleicht sogar lebensbedrohlich erscheint oder ist. Ein Unfall, eine Trennung, der Verlust eines Arbeitsplatzes oder eines geliebten Menschen oder Tieres können solche traumatischen Ereignisse sein. In einem solchen Moment trifft die Erkenntnis der Endlichkeit einen Menschen wie ein Blitz. Zwar kann man sich Hilfe holen, um Hilfe rufen oder schreien, und es ist klasse, wenn dann tatsächlich auch Hilfe kommt. Aber dieser Moment der Erkenntnis offenbart sich auch in dem Gefühl des Alleinseins, des Eindrucks, da jetzt alleine durch zu müssen, das Erlebte irgendwie überleben zu wollen.

Bei vielen Menschen relativiert ein einschneidendes Erlebnis für eine Zeit lang die gesamte Lebenseinstellung. Die innere Haltung im Umgang mit Zeit erfährt eine Wendung. Gesunde, angenehme und stimmige Zeiten werden neu wertgeschätzt und als wert-voll angesehen. Eine gewisse Dankbarkeit für schöne Zeiten macht sich breit und verströmt Wohlgefühl. Im routinierten Alltag verschwinden dann nach und nach die stillen Momente der Dankbarkeit – einfach für das Dasein, Gesundsein oder am Leben sein. Doch schlummert sie, die Dankbarkeit, in allen Menschen weiter vor sich hin. Unbewusst suchen wir nach intensiven Lebensmomenten, in denen wir uns superwohlfühlen, in denen wir wie verliebt in das Leben sind. Kinofilme, Bücher, Lieder, Konzerte,

Feste und Feten, Partys – die Suche nach schönen Zeiten bildet den Nährboden für ganze Industriezweige. Und auch im beruflichen Bereich haben wir ja die Qual der Wahl, uns aus dem riesigen Berufsangebot den für uns richtigen Beruf auszusuchen.

Und wir gehen davon aus, dass Sie, liebe Leserin, sich bewusst für Ihren Beruf der pädagogischen Fachkraft entschieden haben. Dass Sie einen großen Teil Ihrer Lebenszeit gerne mit Kindern in einer Kita verbringen möchten. Dass Sie gerne ein Teil eines Kita-Teams sein möchten, das sich die ganze Verantwortung und Arbeit teilt. Sie sind nicht darauf aus, möglichst viel Geld zu verdienen. Sie haben keine teuren Hobbys oder können sich Luxusreisen leisten. Sie sind im Allgemeinen eher bescheiden, haben kaum Rücklagen für Ihre Rente und finden sich wieder darin, sich um andere Menschen zu kümmern.

Für kleine und große Menschen da zu sein, das finden Sie gut.

Und das finden wir beiden Autorinnen ebenfalls richtig gut.

Sie und Ihre Kolleginnen verbindet also eine gewisse Berufshaltung. Kita-Teams sind im „Gebermodus" – und wünschen sich, dass ihre Bemühungen um das Wohlergehen anderer anerkannt und wertgeschätzt werden. Wie stark ist der Dienstleistungsgedanke in Ihrer Kita ausgeprägt? Wie sehr befinden sich Eltern oder Träger im „Nehmermodus"? Reichen Ihr Gehalt und die Rückmeldungen von Kolleginnen, Eltern und Kindern aus, um Sie zu einer zufriedenen, gesunden und motivierten Mitarbeiterin zu machen? Wenn die Kita über einen gesunden Kern, sprich ein gesundes Team, verfügt, dann ist das die Basis für zufriedene, gesunde und motivierte Mitarbeiterinnen. Und für den Kern zuständig, sind Sie und Ihre Kolleginnen. Niemand sonst.

Das Kita-Team regiert die Kita. Es legt fest, ob demokratisch, absolutistisch, grüppchenweise, alt gegen jung, modern gegen traditionell, und so weiter gearbeitet wird. Das Klima in einer Kita bestimmt wesentlich sein Team. Machen Sie sich das bewusst. Gehen Sie in die Verantwortung. Übernehmen Sie die Macht. Beanspruchen Sie Regierungsbeteiligung. Sprechen Sie mit Ihren Kolleginnen, mit der Leiterin, den Vorgesetzten darüber, wie sie ausschauen soll, Ihre Wohlfühl-Kita. Ein erster Weg dahin kann es sein, für diesen Entwicklungsprozess Teamzeiten einzufordern. Wenn sich ein Kita-Team auf den Weg machen möchte, sich gesunde und nachhaltige Arbeitsbedingungen zu schaffen, dann geht das nicht in den zwei Stunden Teamsitzung pro Woche. Dann benötigen Teams auch mal einen oder zwei ganze Tage mit einer professionellen Anleitung, um in Kreativprozesse zu gelangen, um frische Arbeitsfreude auszusäen und anzugießen. Alleine schon das bewusste Vorfreuen auf solche Teamzeiten, die man beispielsweise im nächsten Kalenderjahr eingeplant hat, setzt bereits positive Energien im Team frei. Sicher gibt es Themen, die auch innerhalb einer Teamsitzung zu besprechen sind. Überstunden, Zeitmanagement und Ressourcen sind bekannte

Dauerbrenner in Kitas. Und zwar völlig unabhängig von den Rahmenbedingungen wie Öffnungszeiten, Personalschlüssel, Einzugsgebiet oder Größe der Einrichtung. Überstunden gehören so selbstverständlich zu Kitas wie Sandkästen oder Mensch ärgere dich nicht. Keine Kita ohne Überstunden. Merkwürdig, finden wir, aber eben wahr und darum ein wichtiges Thema. Obwohl es schon gut ist, zu wissen, dass alle deutschen Kitas das gleiche Thema verbindet – man ist also nicht alleine mit dem Überstundenwahnsinn!

Transparenz:
Was geht nur mit Überstunden?

Wie entstehen in Ihrer Kita die Über-Stunden? Stunden, die über sind. Stunden, die über den Stunden liegen, die eigentlich gearbeitet werden sollen. Stunden, die später „abgefeiert", abgebaut oder ausgeglichen werden müssen. Stunden, die einen Verwaltungsaufwand und somit Zeitaufwand auslösen. Stunden, die „woanders fehlen". Stunden, die gesammelt werden, um zusätzlich an freie Tage zu gelangen. Stunden, die manche Kollegin ganz genau notiert, eine andere Kollegin gar nicht aufschreibt und die nächste Kollegin nur manchmal. Über-Stunden sind in jeder Kita ein „heißes Eisen". An ihnen lassen sich viele Dinge messen, also nachweisen, die ein Kita-Klima ausmachen. Der individuelle Umgang mit dem Thema macht jede Kita zu etwas Besonderem. Jede Kita-Mitarbeiterin entscheidet sich für eine Haltung und damit für ein Ver-Halten im Umgang mit Überstunden. Das wird nicht einfach vorgegeben oder von Oben diktiert. Nein, es liegt in Ihrer Verantwortung, damit umzugehen. Und zwar offiziell umzugehen. Und eben inoffiziell umzugehen. Dazwischen können Welten liegen. Sie können offizielle Überstunden korrekt angeben und inoffiziell unkorrekt angesammelt haben. Sie können offiziell Überstunden abgebaut haben und inoffiziell doch in Ihrer Freizeit die getätigten Kita-Erledigungen nicht angeben. Sie können den Eindruck haben, Kollegin Susi ginge inoffiziell nicht korrekt mit ihren Überstunden um, offiziell beschweren tun Sie sich aber nicht. Und so weiter!

Mit dem Thema Überstunden beackern wir ein heikles Feld – so viel steht fest.

Für ein Kita-Team ist es wichtig, sich das Entstehen seiner Überstunden bewusst zu machen. Arbeitsrechtlich sollten sämtliche Tätigkeiten innerhalb der vertraglich vereinbarten Arbeitszeit zu erbringen sein. Nur in Ausnahmesituationen sollten Arbeitsstunden außerhalb der Öffnungszeiten erwachsen. Nehmen Sie sich die Zeit, um Ihre Mehrstunden nachvollziehen zu können – am besten natürlich als Gesamtteam. Hilfreich kann es aber auch schon für Sie persönlich sein oder gemeinsam mit den Gruppenkolleginnen.

Überstunden entstehen durch:

- Übernahme von Diensten kranker Kolleginnen,
- Elterngespräche außerhalb der Dienstzeit,
- Feste und Aktionen am Wochenende,
- Fortbildungen,
- Elternabende oder andere Termine, die abends liegen,
- Erledigungen und Botengänge außerhalb der Dienstzeit,
- Festvorbereitungen und Nachbereitungen,
- Übernachtung mit Vorschulkindern,
- Ausflüge und Aktionen mit Kindern außerhalb der Dienstzeit,
- Auffangen unbesetzter Stellen in der Kita,
- Supervision,
- Lesen von Fachliteratur in der Freizeit,
- Planungs- und Konzeptionstage, die länger dauern,
- lange Öffnungszeiten der Kita und dadurch Schichtdienste, die abgedeckt werden müssen,
- Notwendigkeit von Bezugserzieherin im Krippenbereich beispielsweise,
- Übernahme von Aufgaben ausfallender Kolleginnen wie Vorschule oder Sprachförderung,
- zeitlichen Mehraufwand für Portfolioarbeit oder andere Vor- und Nachbereitung pädagogischer Handlungen,
- Erledigung hauswirtschaftlicher Aufgaben außerhalb der Dienstzeit
- und vieles andere mehr!

Wenn Sie für sich und Ihre Kita eine geschickte Umgangsweise mit den Überstunden gefunden haben, sind Sie hier natürlich fein raus. Allerdings ist eine Kita ja ein lebendiges Gebilde und Gefüge, das Schwankungen und Veränderungen unterliegt. Personelle Wechsel, veränderte Öffnungszeiten oder konzeptionelle Neuerungen können dazu führen, den Umgang mit Überstunden zu überdenken und anzupassen. Wenn bestimmte Aspekte Ihrer Arbeit nur mit Überstunden möglich sind, darf ruhig einmal überlegt werden, ob dies so sein muss oder verändert werden kann.

- Muss ein Elternabend am Abend sein oder ginge auch ein Elternnachmittag am Nachmittag während der regulären Öffnungszeit?
- Kann die Portfolioarbeit nicht auch während des laufenden Betriebs erledigt werden?
- Kann das Sommerfest von drei Kolleginnen vorbereitet und gestaltet werden, statt von allen Teammitgliedern (sodass nur den Dreien Überstunden entstehen)?

- Können Eltern für die Kita Erledigungen wie Einkäufe für das gemeinsame Frühstück übernehmen?
- Worauf kann die Kita vielleicht auch ganz verzichten, um Überstunden zu vermeiden?

Nutzen Sie eine Teamsitzung, um sich ganz dem Überstundenthema zu widmen. Bilden Sie Arbeitsgruppen, die sich austauschen, wie in Ihrer Kita Überstunden entstehen; und wie der Umgang mit Überstunden aktuell ist; und wodurch sich Überstunden reduzieren ließen; und welche Möglichkeiten es gibt, auf Überstunden weitestgehend zu verzichten. Ein Thema, das alle Teammitglieder betrifft, ist hervorragend geeignet als Gruppenthema. Berichten Sie auch Ihren Elternbeiräten davon. Viele Eltern ahnen gar nicht, wie diese Mehrstunden zusammenkommen und haben dementsprechend wenig Verständnis für den Abbau von Überstunden.

Zuvor ist es notwendig, dass das Kita-Team eine einheitliche Haltung entwickelt, die tragfähig ist.

- Wohin möchten Sie als Team im Hinblick auf Arbeitszeit und Überstunden gelangen?
- Wie dürfen in Ihrer Kita Überstunden entstehen?
- Und wie sollen sie nicht entstehen?
- Wie sollen Mehrstunden am sinnvollsten abgebaut werden?

Das Thema „Umgang mit Zeit" und „Überstunden" gehört in jede Konzeption. Denn die pädagogische Konzeption spiegelt die Wirklichkeit der Kita-Arbeit wieder. Und das Thema beschäftigt jede Kita mehr oder weniger. Machen Sie also Ihre Haltung(en) als Team deutlich, ermöglichen Sie es Eltern, die Überstundenthematik zu verstehen und finden Sie mit Ihrer Kita einen guten Weg für gesunde Arbeitsbedingungen.

Kreativbox:
Was ohne Überstunden möglich ist

Wenn das Team sich aktiv mit den Mehrstunden beschäftigt hat und nach Optionen gesucht hat, Überstunden einzusparen, kommt die Kreativbox zum Einsatz. Nehmen Sie dafür wirklich eine Kiste oder Box in Schuhschachtelgröße, gestalten Sie diese fröhlich-bunt und positionieren sie diese Kreativbox im Teamzimmer, Mitarbeiterraum oder Personalraum.

Eventuell hat die erste Teamsitzung zum Thema „Überstunden" nicht ausgereicht, um in einem zweiten Arbeitsschritt zu kreativen Lösungen vorzudringen. Macht nichts, dann nutzen Sie eben eine weitere Teamsitzung dafür. Zunächst einmal lassen alle Kolleginnen in Einzelarbeit ihren Ideen freien Lauf, sie dürfen quasi „spinnen" und sich Sachen ausmalen, wie Dinge, die bisher immer mit Überstunden verbunden waren, in Zukunft ohne Überstunden machbar sein könnten. Alles Denken ist erlaubt und wird sichtbar gemacht auf Zetteln, die in der Kreativbox landen.

Eine Kita ganz ohne Überstunden – das ist die Arbeitsaufgabe.

- *Bei uns gibt es nur noch **ein** Fest im Jahr, das außerhalb der Öffnungszeiten liegt: Fasching, Frühling, Muttertag, Sommerfest, Martinsfeier, Erntedank, Herbstfest, Halloween, Weihnachten, … – und die Eltern stimmen jedes neue Kindergartenjahr ab, welches Fest es sein soll!*
- *Einkäufe für die Kita werden im Alltag gemeinsam mit den Kindern erledigt.*
- *Eltern bereiten die Elternnachmittage in der Kita vor. Und haben auch noch Spaß daran.*
- *Eine Kollegin fungiert für eine Woche als Springerin in der Kita. Sie ist freigestellt von der Arbeit in der Gruppe, erledigt anstehende Aufgaben, hilft bei Kolleginnen*

aus, räumt liegen gebliebene Sachen auf und übernimmt Dienste oder deckt Pausen von Kolleginnen ab.

● Eine Umfrage bei den Eltern ergibt: Freitags könnte die Kita früher geschlossen werden!

Der Reihe nach zieht anschließend im Plenum jede Kollegin einen der Zettel aus der Kreativbox und liest den Text vor. Sie versucht, ihn zu begreifen und seinen Inhalt zu erläutern. Unterstützung erfährt sie dabei von der Verfasserin des Textes, aber zunächst soll sie erklären, was sie unter dem Gelesenen zu verstehen glaubt. Alle Vorschläge werden auf einer Flipchart notiert. Die Box verbleibt nun für ein oder zwei Wochen im Teamzimmer und jede Kollegin kann Ideen reingeben, die ihr im Nachhinein in den Sinn kommen. Zu einem festgelegten Termin werden alle Ideen nochmals verlesen und darüber abgestimmt, welche Neuerungen oder Veränderungen zum Thema Überstunden in die Tat umgesetzt werden sollen. Nach einer Probephase von ca. vier Wochen sollte das Team in die Überprüfung gehen und diskutieren, welche Änderungen fest installiert werden können und welche nicht.

Arbeitszeitregeln für sich nutzen und einhalten

Nach wie vor ist es keine leichte Aufgabe, den Kita-Beruf als eine professionelle Tätigkeit mit Arbeitscharakter darzustellen. Gerade die Zeit der großen Kita-Streiks im Jahr 2015 hat dies mehr als deutlich offenbart. Eltern waren menschlich enttäuscht von den Erzieherinnen ihrer Kinder, sie fühlten sich im Stich gelassen, fast so, als hätte sie eine Freundin enttäuscht, die doch versprochen hatte, auf die Kinder aufzupassen. Natürlich und glücklicherweise herrscht weitestgehend Konsens, was die gesellschaftliche Aufwertung sozialer Berufe angeht. Vielen Menschen ist klar, dass soziale Berufsgruppen mehr verdienen und höher angesehen werden sollten. Aber das einzige arbeitsrechtliche Druckmittel, dies durchzusetzen, ist der Tarifstreik. Und der hat die Familien ganz schön durcheinander gewirbelt. Klar abzusehen war hier, wie die Familien ihr Berufs- und Privatleben um die Betreuung ihrer Kinder in der Kita herum organisieren.

Ganze Familienwelten sind da zusammengebrochen, als die Kitas bestreikt wurden.

Ganze Trägerverbände waren erschüttert darüber, dass ihre Kita-Angestellten offensichtlich nicht zufrieden sind mit ihrem Lohn und ihrer Wertschätzung.

Viele Eltern und Träger denken, im sozialen Arbeitsbereich sollen Menschen ihre Tätigkeit mit ganzem Herzen, frohen Mutes und ohne Aufstiegschancen deswegen meistern, weil sie eben dazu „berufen" sind. Weil sie sich einfach gerne um andere Menschen kümmern. Weil ihnen die Anerkennung von Kindern reichen soll zum beruflichen Glück.

Weil Erzieherinnen nach wie vor die tradierten weiblichen Kernkompetenzen verkörpern:

- Mütterlichkeit
- Umsorge- und Pflegefähigkeit
- Beschützerinstinkt
- „Geben ist seliger denn Nehmen"-Phänomen.
- Hauswirtschaftliche Fähigkeiten wie Kochen, Backen, Fegen, Putzen, Einkaufen, Waschen, Bügeln …
- Belastbarkeit: Heben, Wickeln (Gerüche ertragen!), Haut- und Körperkontakte zulassen, Füttern, Trösten, Zuhören, Sprechen …
- Basteln, Musizieren, Überblick behalten, Organisieren, Helfen, Vorlesen, Gefühle verstehen, Verständnis haben, diplomatisches Geschick, Verantwortungsbewusstsein, Einsicht, Weitsicht und Umsicht, Dankbarkeit und Bescheidenheit.

Vor allem die personellen Zuschreibungen Dankbarkeit und Bescheidenheit führen Erzieherinnen gerne in professionelle Sackgassen ohne Wendemöglichkeit. In der Tat wissen wir, was gehaltsmäßig auf uns wartet, wenn wir den Beruf erlernen. Wir kennen die nicht vorhandenen realen Aufstiegschancen als Erzieherin oder Kita-Mitarbeiterin. Ganz egal, ob wir ein wissenschaftliches Studium nachweisen können oder uns wer weiß wie viele Zusatzqualifikationen erworben haben – in der Lohntüte sind deswegen trotzdem keine angemessenen Euros drin. Auch nicht, wenn wir uns die Lohntüte „aufhübschen" und Glitzer draufkleben. Wir Kita-Fachkräfte sollten in den Kitas mutig für eine Aufwertung sozialer Berufe einstehen, frei nach dem Motto:

Wir basteln gerne Schultüten!
Aber was ist mit unseren Lohntüten?

Es wird echt mal langsam Zeit, das zu ändern, finden Sie nicht auch? Was leben wir Kindern und damit künftigen Generationen denn für ein Frauenbild vor? Ohne uns bräche die Welt zusammen, ohne soziale Berufe ebenso. Wir tragen alle die Verantwortung für unser Leben. Sie haben als Kita-Fachkraft so wahnsinnig viel Tolles, das Sie beitragen zum Erhalt unserer Gesellschaft. Sie machen einen irre anstrengenden und wichtigen Job in Ihrer Kita. Das konnte während des Streiks wunderbar beobachtet werden: Die Kitas sind (über-)lebenswichtig für die Familien und damit für die Gesellschaft geworden. Sie leisten mehr als eine bloße Unterstützung, sie sind unersetzbar geworden. Das ist ein Riesenerfolg. Und ein Riesenerfolg verdient Applaus und Anerkennung. Und wenn etwas so dringend benötigt wird wie die Betreuung in einer Kita, dann sollten Kitas geherzt und gefördert werden. Gerade hier müsste die Politik ansetzen und endlich auch gehaltsmäßig wertschätzen, was dieses Land am Laufen hält. Frauen neigen (leider) dazu, sich selbst klein zu machen oder von ihrem „Ge(ht)"-schlecht schlecht zu sprechen.

Den Satz: „Wo so viele Frauen zusammen sind, ist immer Getratsche und Zickenalarm", kennen Sie sicher auch. Und dann hinterher noch: „Das ist bei Männern viel besser, die sind direkter und nicht so nachtragend."

Klar arbeiten in Kitas fast nur Frauen. Und klar wäre es moderner und gerechter, es wäre verteilt wie die Weltbevölkerung auch, nämlich in 50 zu 50 Prozent. Aber so lange die Bezahlung so bleibt, so lange wird auch diese unfaire Verteilung bestehen. Ganz einfach: für so wenig Geld das zu leisten, was eine Erzieherin leistet, motiviert die Männer nicht die Bohne. Jedenfalls die meisten. Eine traurige Tatsache. Aber eben eine Tatsache, und mit Tatsachen gilt es, umzugehen.

Das Mindeste, das Erzieherinnen tun sollten, ist die Anwendung und Einhaltung bestehender Arbeitszeitregeln. Wenn schon perspektivisch kaum Spielraum ist für bessere Entlohnung oder angenehmere Arbeitsbedingungen, dann sollten die geltenden Schutzbestimmungen für Arbeitnehmerinnen eingehalten werden.
Wir sprechen hier von Pausenzeiten und Arbeitszeiten.
Es ist nicht in Ordnung, auf Pausen zu verzichten.
Es ist für Sie nicht in Ordnung, auf Ihre Pausen zu verzichten. SIE tun sich damit nichts Gutes.
Genauso wenig okay ist es, sich Arbeitszeiten nicht zu notieren.

Elterngespräche auf den Feierabend zu legen, weil Eltern sonst nie Zeit haben. Elternabende oder Elterngespräche zeitlich und menschlich ausufern zu lassen, und sich dann lediglich die Hälfte der Zeit aufzuschreiben. Weil „man ja selbst irgendwie Schuld ist, dass es so lange gedauert hat …". Die Erste zu sein beim Aufbau für das Sommerfest und die Letzte zu sein, die geht. Und dafür nur die Hälfte der Zeit geltend zu machen, weil es einfach so erwartet wird – von Eltern („die ja auch ihre freie Zeit für das Fest opfern") oder von Vorgesetzten („das ist ja nur einmal im Jahr").

Das wird so lange so bleiben, wie Sie so bleiben!

Schielen Sie nicht nach den Kolleginnen und wie diese es handhaben. Stehen Sie selbst für sich und Ihre Gesundheit ein. Halten Sie die Arbeitsschutzgesetze ein und unterstützen Sie Ihre Kolleginnen dabei, dasselbe auch für sich zu tun.

2.4
Geniale Elternaktionen mit Zeitsparpotenzial

Voranmeldegespräche als Teamaufgabe

Neue Familien durch die Kita zu führen, ihnen Abläufe zu erläutern und Fragen zu beantworten, gehört fest zum Kundenservice einer Kita. Oder sollte es jedenfalls. Ohne die Interessenten an Kita-Plätzen wären wir nämlich arbeitslos. Wo keine Eltern und Kinder, da kein Bedarf an einer Kita. Und wo keine Kita, da keine Kita-Arbeitsplätze. Und wo keine Kita-Arbeitsplätze, da keine Erzieherinnen mit entsprechenden Arbeitsverträgen.

Insofern ergibt es durchaus Sinn, von allen Kita-Mitarbeiterinnen ein gewisses Maß an Interesse für alle wesentlichen Belange ihrer Kita zu erwarten, schließlich geht es um ihre Arbeitsstellen. Für Eltern ist die Außenwirkung einer Kita interessant neben der Wohnortnähe, also Lage der Einrichtung, sowie die Ausstattung und die Atmosphäre. Wie werden neue Eltern empfangen in Ihrer Kita, liebe Leserin? Existieren Absprachen und Regeln in Ihrem Team, wie Sie mit neuen „Kunden" umgehen? Gibt es zuständige Personen, die sich neuer Eltern annehmen? Liegt das alleine in der Hand Ihrer Einrichtungsleitung? Was wird Eltern mit auf den Weg gegeben, wenn sie sich Ihre Kita zum ersten Mal anschauen? Wie ist das Gesamtteam eingebunden in diesen „Kundenservice" der Besichtigung und des Erstkontakts?

Machen Sie Voranmeldegespräche und Kita-Besichtigungen zu einem Teamthema. Schultern Sie diese zentrale Werbemaßnahme für Ihre Kita als gesamtes Team. Wie das funktionieren kann? Na, **einfach genial**:

- In einer Teamsitzung übernehmen in einem Rollenspiel alle Kolleginnen einmal die Rolle neuer Eltern, die sich Ihre Kita anschauen möchten, um ihr Kind anzumelden.
- Zum anderen übernehmen alle Kolleginnen den Part der Kita-Fachkraft, die das Voranmeldegespräch führt und die Kita präsentiert.
- Ein gemeinsamer Leitfaden der Kita-Präsentation wird erstellt.

Im Rollenspiel werden beispielsweise folgende Wege eingeschlagen: In der Kita „Sonnenblume" arbeiten 10 Kolleginnen in Voll- und Teilzeit. Sie möchten die Voranmeldungen künftig gerne gemeinsam erledigen, bislang machte dies die Leiterin der Kita, Frau Hesselbach. In einer Teamsitzung übernimmt es in einem ersten Schritt die Leiterin, ihre Kolleginnen als vermeintliche neue Eltern in ihrer gewohnten Weise durch die Einrichtung zu führen. Vom ersten Telefonat, in dem Eltern einen Besichtigungstermin anfragen, über die Terminierung und das Klingeln an der Kita-Tür werden sämtliche Szenen nachgespielt. Es ist gerade für junge oder neue Kolleginnen sehr wichtig, alle einzelnen Schritte mitzubekommen.

Schritt 1: Anfrage des Kunden (K.).
Szene 1: Das Telefon klingelt im Büro. Leiterin (L.) nimmt ab und meldet sich.

L.: „Kita Sonnenblume, Sie sprechen mit Frau Hesselbach, was kann ich für Sie tun?"

K.: „Guten Tag, mein Name ist Ulrike Funk und ich wollte fragen, ob ich mir mal Ihren Kindergarten anschauen könnte …? Meine Tochter Sissi wird im Januar drei Jahre, und ich bin auf der Suche nach einem Ganztagsplatz."

L.: „Da kann ich Ihnen gerne anbieten, dass wir einen Termin vereinbaren. Wann hätten Sie denn am besten Zeit, um bei uns vorbeizukommen?"

K.: „Mein Mann würde gerne mitkommen, da wäre es am späten Nachmittag am geschicktesten."

L.: „Okay, das finden wir toll, wenn Väter mitkommen zur Besichtigung. Lassen Sie mich kurz in den Kalender schauen … – Würde Ihnen der nächste Mittwoch passen, sagen wir, so gegen 16 Uhr?"

K.: „Wow, das geht ja schnell … und das würde uns auch super passen. Müssen wir irgendwelche Unterlagen mitbringen zu dem Termin?"

L.: „Nein, nur sich selbst und natürlich wäre es klasse, wenn Ihre Tochter Sissi mitkäme."

K.: „Ja, das hatten wir sowieso vor. Bis Mittwoch dann und danke, dass das so reibungslos klappt mit der Besichtigung. Bei anderen Kindergärten mussten wir viel länger auf einen Termin warten."

L.: „Nichts zu danken. Wir freuen uns auf Sie und sehen uns dann am Mittwoch."

Schritt 2: Begrüßung und Erstkontakt
Szene 2: Familie Funk (F.) erscheint in der Kita und klingelt. Leiterin (L.) hat sie bereits erwartet und öffnet lächelnd die Tür. Sie begrüßt alle mit Handschlag.

L.: „Wie schön, Sie sind Familie Funk, nehme ich an …?"

F.: „Ja, wir hatten ja miteinander telefoniert, Frau Hesselbach, und das ist mein Mann Holger."

L.: „Herzlich willkommen, Herr Funk … Und du musst die kleine Sissi sein, richtig? Du bist natürlich die wichtigste Person heute beim Kindergartenanschauen. Dann wollen wir mal sehen, ob es dir bei uns gefallen könnte, ja?!"

Schritt 3: Die Kita-Besichtigung und die Voranmeldung
Szene 3: Leiterin (L.) führt Familie Funk (F.) durch die Kita. Sie achtet darauf, im Kontakt mit Sissi immer mal wieder auf Augenhöhezu gehen.

F.:   „Ja genau, Sissi, dir muss es ja gefallen im Kindergarten. Wie ist es, wollen wir uns den Kindergarten mal näher betrachten, Sissi?"

L.:   „Ich schlage vor, wir gehen einfach mal zusammen los und sehen uns die Räumlichkeiten gemeinsam an, und dabei erzähle ich ein wenig von unserer Arbeit. Natürlich können Sie jederzeit Fragen stellen. Und Sissi kann sich alles anschauen, vielleicht finden wir auch etwas, womit sie spielen möchte oder setzen uns zum Ende hin in den Garten, wo die Kinder gerade spielen und Sissi einbeziehen können …"

F.:   „Sissi war schon ganz aufgeregt vor dem heutigen Termin. Ich glaube, sie wird einiges entdecken, womit sie sich beschäftigen will. Sie geht gerne auf andere Kinder zu. Wir sind froh, wenn sie bald einen Kindergarten besucht und unter Kindern sein wird."

L.:   „Kinder wirst du hier ganz viele sehen, Sissi. Dann gehen wir mal als Erstes in die Adlergruppe. Hier sind 22 Kinder mit ihren drei Erzieherinnen zu Hause. Ungefähr die Hälfte der Kinder ist ganztags bei uns, die andere Hälfte wird um 14 Uhr abgeholt. Die Spielbereiche, die Sie hier erkennen können, sind Bauteppich, Puppenwohnung und Rollenspielbereich, dann hinten das große Vorlesesofa, auf dem auch Hörspiele und Musik-CDs gehört werden und natürlich auch Tische und Stühle. Die Kinder spielen Tischspiele oder nehmen die Mahlzeiten an den Tischen gemeinsam ein."

F.:   „Wie sieht denn so ein Tagesablauf bei Ihnen aus? Und gehen Sie mit den Kindern auch jeden Tag raus ins Freie?"

Hier kürzen wir die szenische Beschreibung ab. Frau Hesselbach geleitet Familie Funk durch sämtliche Räume der Kita und beantwortet deren Fragen zu Punkten wie: Kindergartenbeitrag/Gebühren,

● Platzangeboten,
● Öffnungs- und Schließzeiten,
● Essensversorgung,
● Vorbereitung auf die Schule,
● Projekte und Angebote,
● personelle Besetzung,
● Kooperationen,
● Aussicht auf einen Platz zum gewünschten Zeitpunkt
● und einiges mehr.

Der letzte angeführte Punkt ist der spannendste Aspekt an Besichtigungen. Denn während die anderen neun Punkte nahezu immer angesprochen werden, und sich im Laufe der Zeit, in der Sie Besichtigungen durchführen eine gewisse Routine oder auch Langeweile einstellen können, offenbart der letzte zehnte Punkt die Einzigartigkeit der Familie. Da können echt die lustigsten, ungewöhnlichsten, aufregendsten und originellsten Fragen auf Sie zukommen. Es kann sein, dass das Kind auf einmal weg ist, wie spurlos verschwunden und alle hektisch zu suchen beginnen, um das Kind letztlich im Gemüsegarten oder sonstwo wiederzufinden. Oder die Mutter erzählt Ihnen derart ausführlich und detailgetreu von der schwierigen Geburt ihres Kindes, dass Ihnen fast übel wird. Oder Sie erkennen große psychische Schwierigkeiten einer Familie und erhalten wichtige Indizien für eine mögliche Integrationsmaßnahme, die mit einer Aufnahme des Kindes auf Ihre Kita zukäme. Oder ein Vater outet sich als schwuler Gospelsänger und ehe Sie es sich versehen, haben Sie mit ihm vereinbart, dass sein Chor der „rosa Schwälbchen" beim nächsten Sommerfest Ihrer Einrichtung ein kostenloses Gospelkonzert veranstalten wird.

Doch zurück zur Teamsitzung und den Rollenspielen.

Verständigen Sie sich im Team darauf, was ihnen wichtig ist, den neuen Eltern und Kindern zu zeigen. Alle Teammitglieder sollten sich schlau machen, um obige Fragen interessierter Eltern beantworten zu können. Je seltener ein „... das weiß ich nicht ..." von Ihrer Seite aus kommt, desto professioneller sind Sie als Team aufgestellt. Sie spielen also Familien und Kita-Fachkräfte nach mit dem Ziel, sich im Präsentieren der Einrichtung zu schulen, zu trainieren und zu professionalisieren. Das bedeutet letztlich:

> Wenn eine Familie um einen Besichtigungstermin
> in Ihrer Kita bittet, kann jede Kollegin diesen professionell
> vereinbaren und übernehmen.

Entwicklungsgespräche straffen: Unser Elternsprechtag

In der Regel finden Entwicklungsgespräche zwecks Verbindlichkeit in vielen Einrichtungen um den Geburtstag eines Kindes statt. Je nachdem, wann die Kinder Ihrer Gruppe geboren sind, kann da schon einmal ein stressiger Monat dabei sein. Wenn Nemo, Dephne, Lyn, Katharina und Sofie alle im Mai geboren sind, bedeutet das fünf Entwicklungsgespräche in einem Monat. Puh, ganz schön viel für die Erzieherinnen. Ebenso verhält es sich mit Monaten, die durch große Aktionen wie Feste und deren Vorbereitungen belastet sind, oder durch erfahrungsgemäß hohe Ausfallzeiten geprägt sind wie die Wintermonate. Doch auch hier kann der Surfgedanke der Gelassenheit zum Tragen kommen:

Surfen Sie sich doch lieber mal durch einen ganzen Tag voller Entwicklungsgespräche als durch das ganze Jahr, innerhalb dessen Sie immer wieder an einzelne Entwicklungsgespräche denken müssen. Laden Sie an vier Tagen im Jahr jeweils ein Viertel Ihrer Eltern zum Elternsprechtag ein.

Im Vorfeld verständigen Sie sich im Team auf Termine für Ihre Elternsprechtage und darauf, wie viele Gespräche sie als Gruppenteam leisten möchten. Sie sprechen die Eltern frühzeitig auf die Termine an, klären ab, wer zu welcher Uhrzeit im Laufe des Tages Zeit hat. Das kann von morgens um 7 Uhr bis um 12 Uhr andauern oder von 8 Uhr bis 16 Uhr, oder 13 Uhr bis 18 Uhr. – Es obliegt Ihnen und den Gegebenheiten Ihrer Kita, welchen zeitlichen Rahmen Sie Ihrem Elternsprechtag geben. Nachdem Sie die Termine vergeben haben (mündlich, telefonisch, per SMS oder WhatsApp), laden Sie die Familien mit einem Schreiben ein.

Wählen Sie für die Einladung ruhig ein außergewöhnliches Format. Muss es immer ein hochoffizielles und hochformelles Anschreiben sein? Mit Briefkopf und Bürckratendeutsch? Mal ehrlich, das kann und kennt doch jeder. Seien Sie individuell, besonders, herzlich, einladend und kreativ. Entdecken Sie Ihre Grafikdesigntalente und Ihre kreativen Seiten des Innenlebens. Erledigen Sie mit dem Elternsprechtag viele einzelne Aufgaben mit einem Schlag und genießen Sie es, damit viele Termine auf einmal aus dem Kopf zu haben. Formulieren Sie positiv, „verkaufen" Sie Ihre Idee des Elternsprechtags als durchweg positiv, als Mittel für alle, um Zeit effektiv zu nutzen. Sie werden sehen, wie einfach die Umsetzung ist, wenn Sie sich auf die Idee dahinter eingelassen haben. Ganz entscheidend ist nicht, ob Sie sich darauf einlassen als Team, es mit einem Elternsprechtag zu versuchen, sondern WIE sie es ausprobieren wollen. Mit welcher Haltung gehen sie als Team die Sache an? Frohen Mutes und in der Erwartung einer Arbeitserleichterung? Ohne Hoffnung auf ein gutes Gelingen? Mit einem Lächeln auf den Lippen? In Vorfreude auf viele Elternkontakte an einem Tag oder in Angst davor, sich damit zu überfordern?

„Man erlebt nicht das, was man erlebt,
sondern wie man es erlebt."
(Wilhelm Raabe)

Eine einladende Einladung geht z. B. so:

ALOHA, liebe Familie ...,

am Donnerstag, den 14. Mai, begrüßen wir Sie mit einem herzlichen ALOHA zu unserem Elternsprechtag.

An diesem besonderen Tag nehmen wir Erzieherinnen aus der Igelgruppe uns extra viel Zeit für Sie als Eltern.

Wir möchten Ihnen gerne von der Entwicklung Ihres Kindes ... berichten, mit Ihnen Fotos und seinen Portfolio-Ordner anschauen und bei einem leckeren Kaffee, Cappuccino, Tee oder einem frischen Saftcocktail mit Ihnen ins Gespräch kommen, worin Ihr Kind sich besonders toll einbringt in unserer Gruppe.

Lust auf einen Saftcocktail in der Kita?

Lustige Erlebnisse hier aus der Kita oder bei Ihnen zu Hause werden erzählt; wir schauen, welche Freundschaften Ihr Kind geschlossen hat und welche Talente es an sich entdecken konnte. Einen Termin für den nächsten Elternsprechtag vereinbaren wir auch gleich, das vereinfacht Ihnen als Familie und uns als Gruppenteam die Jahresplanung.

Am 14. Mai werden die Kinder der Igelgruppe die Gelegenheit haben, einmal einen Tag in einer unserer Partnergruppen zu verbringen.

Die Kolleginnen und die Kindergruppen freuen sich bereits auf ihre kleinen Gäste. Die Kinder haben vielleicht schon zu Hause davon erzählt, denn sie haben sich für eine der Gruppen im Morgenkreis entscheiden dürfen und sind ganz aufgeregt.

Wir freuen uns sehr auf Ihr Kommen.

Daniela Andres und Melanie Waldbruch aus der Igelgruppe

Und wie könnte Ihre Einladung aussehen?

Intensivzeiten bringen viel und sparen Zeit: Familienfreizeiten und Co.

In den 12 Monaten eines Kindergartenjahres fallen diverse Aktionen an, die einer guten Zusammenarbeit zwischen Elternhaus und Kita dienen sollen. Trotzdem scheitern viele sogenannte „Erziehungspartnerschaften" daran, dass ein Partner keine Beziehung mit dem anderen Partner haben möchte. Ja, und meistens sind es die Eltern, die nicht wollen und sich auch durch nichts und niemanden zu einer konstruktiven Zusammenarbeit bewegen lassen. Sie nehmen weder an Elternabenden teil noch erscheinen sie bei Festen. Sie lesen ihre Elternpost nicht und bitten auch nicht um Gespräche. Wie Gespenster huschen sie durch die Kindergartenzeit ihrer Kinder. Haben Sie sich mal überlegt, dass es jenen Eltern schlicht zu viel ist, sich um all die Termine und Aktivitäten der Kita zu kümmern? Dass Ihre Formate für diese Eltern einfach unpassend sind? Oder generell mal etwas Neues ausprobiert werden könnte, das allen Eltern, Familien und Erzieherinnen ein Zeit-Plus bescheren würde?

Wir möchten Sie auf eine Idee bringen, die auch wieder zum Bild des entspannten Surfers passt, der Idee nämlich, einmal im Kindergartenjahr einen Kurzurlaub zu buchen, mit allen. „All inklusive" sozusagen. Und viele tradierte Termine dadurch zu ersetzen. Oder ein Jahr im alten Tonus, ein Jahr im neuen, im Urlaubstonus.

Wie das geht?

Nun, zunächst sammeln Sie in Ihrer Kita sämtliche Termine, die zu Überstunden führen und großen zeitlichen und organisatorischen Aufwand mit sich bringen. Beziehen Sie Ihren Elternbeirat in Ihre Überlegungen ein. Bereiten Sie das Projekt „Familienfreizeit" großzügig vor, stoßen Sie keine Eltern vor den Kopf, indem Sie sagen, im nächsten Kindergartenjahr fielen alle Feste flach. Nein, legen Sie das Projekt für das Kindergartenjahr 2019 fest (wenn Sie darüber 2017 sprechen), das entspannt alle Beteiligten, lässt ausreichend Zeit zur Planung und ist spannendes Abenteuerland, auf das man hinarbeitet. Sie legen also fest, im übernächsten Kindergartenjahr statt vieler einzelner Termine für Eltern und Kita einen großen Freizeittermin anzubieten, beispielsweise in Form einer Familienfreizeit.

Zwei, drei, vier oder fünf Tage werden Familien und Erzieherinnen miteinander Zeit verbringen. Auch Trägervertreter sind herzlich eingeladen.

Bis dahin können Festerlöse oder Spenden für das Projekt zweckgebunden werden, sodass es sich quasi ohne Mehrkosten für die Mitarbeiterinnen deckt. Die Familien zahlen selbst oder werden durch den Träger unterstützt.

Es ist also im Vorfeld zwei Jahre lang bekannt, dass Ihre Kita vom 01. bis 03. September 2019 eine dreitägige Familienfreizeit in der Jugendherberge am Edersee verbringen wird. Oder vom 05. bis 09. Oktober 2019 für 5 Tage auf Burg Frankenstein oder vom 02. bis zum 03. Mai 2019 in Ferienhäusern an der Nordsee oder in einem Naturfreundehaus im Odenwald oder auf einem tollen Bauernhof im Allgäu.

Ihr erklärtes Ziel ist es, so viele Familien und Kolleginnen wie möglich einzubeziehen. Der enge Kontakt, der sich aus dem gemeinschaftlichen „Urlaub" zwischen den Kindern und Erwachsenen ergibt, bildet dann das Fundament für die weitere Zusammenarbeit in der Kita. Es wird gemeinsam gespielt, gekocht, gespeist. Die Anreise wird gemeinsam geplant, das Ziel ausgesucht. Gründen Sie in Ihrer Kita eine Projektgruppe aus Eltern und Erzieherinnen, die das Ganze organisieren. Sie verständigen sich auf den preislichen, zeitlichen und inhaltlichen Rahmen der Familienfreizeit. Planen Sie die Arbeitstage in Ihre Jahresplanung für 2019 ein, die Schließtage der Kita sollten nicht über Gebühr erhöht werden durch die Freizeit mit den Familien. Für die Kolleginnen sollten Absprachen mit dem Träger getroffen werden, wie viele freie Tage sie im Ausgleich für die Teilnahme an einer mehrtägigen Freizeit erhalten. Klären Sie frühzeitig ab, ob eventuell auch Kinder ohne ihre Eltern teilnehmen können und wer dann deren Aufsichtspflicht übernimmt. Befreundete Familien beispielsweise können unkomplizierte Absprachen in diesem Bereich treffen. Suchen Sie nicht nach all den hinderlichen Aspekten für ein solches Projekt. Derer gibt es ausreichend, das wissen wir auch. Erlauben Sie sich, nach den tollen Möglichkeiten Ausschau zu halten, die ein solches Unterfangen mit sich bringt. Eine davon ist, mit einer Aktion die allermeisten Familien erreichen zu können. Vielleicht können auch jene Familien mitfahren, die sonst kein Interesse an der Kita zeigen. Auf jeden Fall bringt solch eine intensive Zeit gelebter Gemeinschaft mehr als jedes Sommerfest oder jeder einzelne Elternabend.

Und ein gegenseitiges Kennen ist Voraussetzung
zum gegenseitigen Verstehen.

Die Kindergruppe im Fokus:
Gruppenreisen und Co.

Ganz ähnlich verhält es sich mit den Kindern Ihrer Kindergruppe. Sollten Sie, liebe Leserin, bereits über reichlich Berufserfahrung verfügen, dann sind Ihnen Routine und Alltag bestens vertraut. Durch Besuche von Fort- und Weiterbildungen oder dem Lesen von Fachliteratur suchen Sie nach neuen Impulsen, um der aufkommenden Langeweile routinierter Jahreskreise entgegenzuwirken. Darum lesen Sie ja auch diese Zeilen hier. Sie suchen nach neuen Impulsen, nach Ideen, nach Praxistipps, um Ihren Alltag angenehmer, aufregender und spannender machen zu können. Und wir möchten mit unserem Buch dazu beitragen, wieder neuen Schwung in Ihren Kita-Alltag zu bringen.

Reisen bildet, sagt ein Sprichwort. Reisen macht Spaß, sagt der Surfer. Und Sie, was sagen Sie? Reisen Sie gerne? Und falls ja, warum? Und falls nein, weswegen reisen Sie nicht gerne?

Wie viele kleine Ausflüge unternehmen Sie innerhalb eines Kindergartenjahres mit Ihrer Gruppe oder gruppenübergreifend? Und wie viele größere Ausflüge? Wie häufig gehen Sie im Sommer einfach mal zum Frühstücken oder gleich um 8 Uhr in den Garten? Erfinden Sie einen neuen Einrichtungstrend:

> Begrüßung, Morgenkreis und Picknick draußen
> statt im Gruppenraum –
> „nee, watt schön"!

Das ist ein kleiner Impuls mit großer Wirkung – probieren Sie es aus. Noch besser sind Ausflüge. Sie bringen immer Abwechslung in den Kita-Alltag. Meist sind sie den Kindern der Vorschulgruppen vorbehalten. Da werden innerhalb kürzester Zeit fast alle Ausflüge unternommen, die ein Kita-Kind kennenlernt. Verkehrsschule, Vogelpark, Zoo, Polizeirevier und Feuerwehr, Bäckerei oder Druckerei – die Fotos in den Portfolioordnern füllen sich im letzten Kindergartenjahr ständig mit Aufnahmen von gemeinsamen Ausflügen. Ist das ein Naturgesetz? Oder können auch Drei- oder Vierjährige an Ausflügen teilhaben? Sollten Kindergartengruppen häufiger Ausflüge unternehmen?

Wir sagen ganz klar: JA!

Raus aus der Kita und rein ins pralle Leben. Jede Woche, die geht (also nicht in der Eingewöhnungsphase o. ä.) sollten Sie die Kita verlassen und auf Abenteuerreise gehen. Bollerwagen hervorholen und bepacken, Kinder „briefen" und ab geht es durch die Mitte. Spazieren Sie durch die nahe Umgebung, durch Wald und Wiesen, durch Parks und Straßen, zu Spielplätzen der Umgebung, in die Zweigstelle der Stadtbücherei, in den

Vogelpark, zum Einkaufen in den Supermarkt für das gemeinsame Frühstück. Oder zum gemeinsamen Mittagessen beim befreundeten italienischen Papa von Gianni, der eine Pizzeria um die Ecke betreibt. Die Kinder essen mit Ihnen Pizza oder Eis, lernen Tischkultur und italienische Gastfreundschaft kennen. Und sie kommen raus: Die Kinder und vor allem auch Sie als Fachpersonal. Sie verlassen den gewohnten Ablauf, die gewohnte Umgebung, die Alltagsgeräusche und Alltagssituationen. Bei Spaziergängen gibt es immer wieder etwas zu entdecken. Bei Ausflügen ist niemals alles gleich oder vorgegeben. Oder man hat mal eben fünf Minuten für ein Anliegen einer Kollegin oder ein Telefonat mit einem Elternteil, wie es in der Kita der Fall wäre. Nein, Sie sind ganz bei Ihrer Kindergruppe und Ihrer Kollegin während des Ausflugs. Und es müssen ja auch nicht immer Ausflüge mit der gesamten Gruppe stattfinden. Gönnen Sie sich Ausflüge mit Kleingruppen, vielleicht sechs bis acht Kinder und zwei Erwachsene. Beziehen Sie dafür auch Eltern oder geeignete Praktikanten ein, diese unterstützen Sie sicher gerne dabei, mit Kindern etwas außerhalb der Kita zu unternehmen.

Wie wäre es denn mit einer Gruppenreise, die ganztägig stattfindet? Ihre 20 Kinder samt allen Erzieherinnen und zwei Mamas verreisen für einen Tag in den nächsten Zoo oder besuchen einen Bauernhof? Sie nutzen Bus und Bahn, nehmen die Mahlzeiten unterwegs und am Zielort ein. Sie genießen einen Tag ohne Telefon, Morgenkreis, Dienste abdecken, Tische wischen oder Alltag. Sie erleben die Kinder Ihrer Gruppe in einem fremden Kontext neu. Sie lassen Mütter und Väter an Ihrer Arbeit teilhaben. Sie entdecken mit den Kindern ein neues Terrain. Sie sind am Abend allesamt voller neuer Eindrücke und Erfahrungen, die noch viele Tage nachwirken – und zwar positiv! Denken Sie doch an Ihre eigene Biografie. – Was ist da haften geblieben in Ihren Erinnerungen? Sicher nicht die alltäglichen Routineerlebnisse, nein, dann doch schon eher die außergewöhnlichen, die besonderen Erfahrungen. Und Reise- oder Ausflugserlebnisse sind zumeist von schönen Gefühlen begleitet und geleitet. Und es ist aller Ehren wert, wenn Sie sich dafür stark machen, dies Kindern häufiger zu ermöglichen.

„Monde und Jahre vergehen,
aber ein schöner Moment leuchtet das Leben hindurch."
(Franz Grillparzer)

Noch gewagter sind mehrtägige Ausflüge oder Reisen. Warum nicht einmal mit den Kindern und Familien Ihrer Gruppe für zwei Tage verreisen? Zum Beispiel, weil Sie diesen Impuls für **einfach genial** halten – Ihre Kolleginnen aus den Nachbargruppen Ihre Begeisterung so gar nicht teilen können?

Gewinnen Sie Ihre direkten Gruppenkolleginnen oder auch die der Nachbargruppen. Investieren Sie Charme, starten Sie eine regelrechte Charmeoffensive, um Mitstreiterinnen zu gewinnen. Ausbremsen lassen war gestern – heute ist Vollgas angesagt. Am besten legen Sie das Reiseziel mit Eltern fest, denn Eltern sind wichtige Multiplikatoren in der Öffentlichkeit. Sicher werden sie begeistert beim Bäcker, Friseur oder ihrer Arbeitsstelle berichten: „Wir fahren mit unserem Kindergarten über Nacht weg"! Und das ist mal wirklich außergewöhnlich. Freuen Sie sich über jede einzelne Familie, die teilnimmt. Vielleicht ist das ja auch das neue Muttertaggeschenk Ihrer Kita:

Zum Muttertag schenken wir uns Zeit!

Sie laden die Familien ein, an einem Freitagnachmittag in eine nahe gelegene Herberge zu kommen, organisieren Abfahrt und Anreise (wer fährt mit wem?) und gestalten den gemeinsamen Abend mit den Familien. Die Mamas erhalten eine gemeinsame Auszeit, indem die Väter bei einer Schnitzeljagd mit den Kindern unterwegs sind. Zudem übernehmen die Papas das anschließende Grillen und Aufräumen, sodass lediglich das Eindecken gemeinsam erledigt werden muss. Die Mamas haben freie Zeit für sich und lassen sich mal richtig bedienen. **Einfach genial!**

3

Die Kita ist ein Meer
oder
Mehr an konzeptioneller Freiheit

Ermessensspielräume erkennen und gestalten

Wer weiß, wie die Kita-Landschaft in 10, 20 oder 30 Jahren aussehen wird? Vielleicht haben dann Wissenschaftler herausgefunden, dass neue Bildungspläne hermüssen. Dass Traditionen wie Feste zu feiern oder Mahlzeiten gemeinsam einzunehmen ihren Wert verloren haben. Vielleicht ist es dann zentral, dass Kinder sich mit der Welt vernetzen. U3-Smartphones und -Tablets im Krippenbereich werden zur Sprachförderung schon bei den Kleinsten eingesetzt. Brillen mit Mini-Bildschirmen und Mini-Festplatte ersetzen den Realkontakt für mehrere Stunden am Tag. Kinder schicken ihren Eltern Apps und Bilder davon, wo sie sich gerade in ihrer Kita aufhalten, welche Erzieherin sie betreut und was es zum Mittagessen gibt. Zum Muttertag bringt ein Paketlieferdienst den Müttern eine rote Rose zur Arbeit oder nach Hause, das haben die Erzieherinnen mit den Kindern so ausgemacht. Und die Mamas schicken eine Danke-App zu ihren Kindern auf die Computerbrillen. Super, oder?!

Im Eingangsbereich der Kita werden wir per Laserlesegerät gescannt, Ankunfts- und Verweildauer werden direkt an den Träger zwecks Abrechnung geleitet. Automatisch wird der fällige Kita-Beitrag dann von den Bankkonten der Eltern eingezogen. Keine Anwesenheitslisten mehr ausfüllen, kein Morgenkreis mit der Frage: „Wer ist denn heute alles da?", denn auf einer Leuchttafel an der Wand im Gruppenraum blinkt für jedes der anwesenden Kinder ein Passfoto. Und die Kinder sehen wegen ihrer Lernbrille (so nennt sich das moderne Gerät nämlich) sowieso nur das, was auf ihrem Display erscheint. Die Erzieherinnen dürfen aufgrund der Verletzungsgefahr für die bebrillten Kinder selbst keine Lernbrillen tragen. Dafür können sie aber auf einem großen Bildschirm sehen, welche Seiten die Kids mit ihren Augen anklicken. Zur Not können sie Seiten, die ungeeignet sind, mit einem Klick sperren. – Es sei denn, die Eltern schreiten elektronisch ein und geben die Seite, die ihr Kind gerade interessiert, doch wieder frei. Da übernehmen dann die Eltern die Verantwortung für das Schauen von Zeichentrick- und Animationsfilmen oder pädagogisch fragwürdigen Rechenprogrammen. Braucht aber die Erzieherinnen dann nicht zu interessieren, denn hier haben die Eltern das Sagen. Weil Politiker sagen, dass Eltern sich stärker einbringen sollen in die Erziehung und Bildung ihrer Kinder. Lehrpläne haben Einzug gehalten in die Kitas. Jede Lerneinheit hat 30 Minuten, die Bundesregierung schickt die Lehreinheiten an die Länder, und die Länder wählen aus verschiedenen Modulen aus: So lernen die Kinder in Bayern auf ihren Lernbrillen die Sprachen Bayrisch, Deutsch und Englisch, die Kinder in Köln hingegen beschäftigen sich mit den Sprachen Deutsch, Französisch und Türkisch. In Hessen lernen die Kita-Kinder neben Deutsch noch Persisch und Italienisch, in Schleswig-Holstein entscheidet sich die Politik für Plattdeutsch, Hochdeutsch und Niederländisch. 30 Minuten Brillentraining in den Bereichen Sprache, Farben und Formen, Malen nach Augenbewegungen, Rechnen und Buchstabenlernen werden unterbrochen von 15 Minuten Pause. Hier kommen dann die Erzieherinnen zum Zug: alle Kinder sollen sich nun in diesen 15 Minuten bewegen (mit Animation der Erzieherin), etwas trinken, kurz entspannen, eventuell einen Toilettengang oder Wickeln absolvieren. Dann klingelt die Lernglocke, Lernbrillen aufsetzen und die nächste Lerneinheit wird eingespielt. Die Kinder hocken auf einem Stuhl oder Sofa oder Teppich, plappern ihre Aufgaben nach, meistens jedoch sind sie still und gebannt von den bunten Bildern direkt vor ihren Augen. In den Lernpausen drehen sie dann richtig auf, sobald ihr Bildschirm schwarz wird nehmen sie ihre Lernbrillen ab, holen kurz Luft …, um dann rumzurennen, zu schreien, zu toben, zu schubsen usw.

Was wir Ihnen damit sagen möchten, fragen Sie sich?

Nun, dieses Horrorszenario ließe sich beliebig ausbauen und weiterspinnen. Wir wissen nicht wie sich die Pädagogik entwickeln wird, welche Wege gegangen werden in naher oder weiter Zukunft. Was wir allerdings wissen, ist, dass wir alle als Pädagoginnen Verantwortung tragen für die Entwicklungen in den Kitas.
Wie oft stöhnen Erzieherinnen über mangelnde Wertschätzung durch die Gesellschaft? Schon wieder Muttertagsgeschenke oder Laternen basteln. All die Zeit, die dafür draufgeht, und das Ganze für ein paar Eltern, die wenigstens mal Danke sagen. Die meisten Eltern scheint es aber gar nicht zu interessieren, wie viel Aufwand diese Bastelei für die Erzieherinnen bedeutet. Wäre es da nicht toll, wenn man diese Bastelorgien einfach einstellen würde? Eine Kita ohne Faschingsfeier mit Kinderschminken und Co.; eine Kita ohne Osternester und Eierbemalerei; eine Kita ohne Muttertagsgeschenke; eine Kita ohne Feste, die organisiert werden müssen und bei denen die meiste Arbeit ja doch wieder an den Erzieherinnen hängen bleibt; kein Erntedankfest, keine Gottesdienste, eine Kita ohne Martinsfeier oder Lichterfest – wäre das nicht traumhaft? Keine Vorschularbeit mehr machen zu müssen, wäre das nicht auch erstrebenswert? Oder die ganzen Elterngespräche, Teamsitzungen, die Kooperationen mit Grundschulen? Kennen Sie Kolleginnen, die dauernd jammern? Kolleginnen, denen fast alles an ihrem Job zu viel ist?

Oder klagen Sie selbst gerne mal? Es scheint ja auch leichter und gängiger zu sein, seinen Beruf als stressig und nervig zu empfinden. Oder kennen Sie viele Menschen in Ihrem Umfeld, die sagen: „Ich finde meine Arbeit klasse" – ohne dann ein „…, ABER" hinterher zu schieben? Eine Erzieherin hat mit Kindern, Eltern und Kolleginnen zu tun. Das bedeutet: Sie sollte gerne mit Kindern, Eltern und Kolleginnen zusammen sein. Oder? Woher kommt es dann, dass Kita-Fachkräfte sich über das Stressige und Nervige im Zusammensein mit Kindern, Eltern und Kolleginnen beschweren, vielleicht sogar lange Zeit erkranken oder schlechte Stimmung verbreiten?

Ganz ehrlich: Am meisten stört eine Erzieherin, die so drauf ist, sie selbst!

Wenn einer Erzieherin die Arbeitsbedingungen ihrer Kita wenig oder keine Freude bereiten, dann sollte sie sich überlegen, die Kita zu wechseln. Oder eventuell auch ihren Beruf.

Kinder haben ein Recht auf Bildung und professionelle Betreuung in den Kitas. Aber wir finden, sie haben auch das Recht auf gesunde und lebensfrohe Menschen, die sie bilden und betreuen.

Wir sollten aufhören, den Beruf selbst niederzumachen. Wir sollten erkennen und wertschätzen, dass wir wahnsinnig viel Gestaltungsspielraum haben in den Kitas – im Gegensatz zu den Schulen mit ihren Lehrplänen. Wir können in einer Vorschuleinheit einfach die Mäppchen und Stifte zeigen lassen, wir dürfen es uns leisten, Kinder NICHT zu bewerten, indem wir Noten verteilen. Wir dürfen mit Kindern SPIELEN, sogar FREI spielen. Wir dürfen Sandburgen bauen mit ihnen, sie in den Arm nehmen oder mit ihnen Quatsch machen. Wir können mit Kindern ohne Leistungsdruck die Welt entdecken, wir dürfen mit Kindern ganz enge Beziehungen eingehen, auf ihre Wünsche eingehen. Wir backen oder kochen mit ihnen und sehen in strahlende Kinderaugen – auch wenn die Kita-Küche oder der Gruppenraum aussieht wie ein Schlachtfeld. Wir können jedes Kind loben – egal um welchen Lernerfolg es sich handelt. Wir arbeiten als Team, sind nicht auf uns alleine gestellt – das ist doch fantastisch. Wir in den Kitas können freier agieren als die Lehrer in den Schulen – und das sollten wir bitte schön auch anerkennen und nutzen – so lange es (noch) geht!

Teamdiskurs:
Was verstehen wir unter „Freiheit"?

Wir leben in einem freien Land. Das ist **einfach genial**. Wir haben die Freiheit, unsere Meinung zu äußern, einen Verein zu gründen oder einem Verein beizutreten: Wir sind frei in der Wahl unserer Glaubensrichtung, frei in der Wahl unserer sexuellen Orientierung und Lebensform – so lange wir andere Menschen nicht verletzen, können wir frei agieren und leben. Unsere Berufswahl ist ebenso frei wie die politischen Wahlen. Wir können hinziehen, wohin wir wollen und so oft wir wollen. Wir können uns auch dafür entscheiden, gar nicht zu arbeiten. Oder wohnsitzlos zu sein. Auch wenn das vielleicht nicht reizvoll wäre. Wir müssen in schlimmen Situationen nicht verharren und bleiben. Wir können uns Hilfe holen bei Problemen. Es gibt Frauenhäuser und Organisationen, die bei Gewalt, Missbrauch oder anderen Nöten eingreifen und unterstützen. Opfern wird in diesem Land Hilfe angeboten. Wir sind nicht gezwungen, um das blanke Überleben zu kämpfen.

Wir kämpfen als Gesellschaft eher mit Übergewicht als mit dem Hungertod. Wir haben eher das Problem der Reizüberflutung als einem Zuwenig an Möglichkeiten. Ist das gut oder schlecht, fragen wir Sie? Fragen wir Ihr Kita-Team!

Was verstehen Sie und Ihre Kolleginnen unter dem Begriff „Freiheit"?

Machen Sie doch mal eine Teamsitzung zum Thema „Freiheit". Diskutieren, philosophieren und analysieren Sie als Kita-Team rund um den Freiheitsbegriff:

- Was bedeutet mir Freiheit?
- Worin bin ich frei?
- Was ist eigentlich das Gegenteil von Freiheit für mich?
- Wann fühle ich mich frei?
- Sind unsere Kita-Kinder frei?
- Welche Formen von Freiheit kenne ich?
- Bin ich gerne frei?
- Welche Freiheiten nehme ich mir in meinem Leben und meinem Beruf?
- Welche Freiheiten würde ich mir gerne nehmen?
- Was ist die wichtigste Freiheit für mich?
- Worin bin ich unfrei?
- Wie war ich als Kind, wie war mein Freiheitsbedürfnis?
- Wie frei wurde ich selbst erzogen?
- Wie frei erziehe ich selbst meine oder die Kita-Kinder?
- Welche Freiheitseinbußen wären die schlimmsten für mich?
- Ist unsere Kita frei? Worin äußert sich das für mich?

- Macht zu viel Freiheit unsicher?
- Was verbinde ich mit pädagogischer Freiheit?
- Kommt der Freiheitsbegriff in der Kita-Konzeption vor?
- Warum?

Das kann eine richtig spektakuläre Teamsitzung werden. Philosophieren in der Gruppe macht müde Menschen munter, es regt die grauen Zellen an und wirkt sich positiv auf den Stoffwechsel aus. Am nachhaltigsten wird das Ganze, wenn Sie mit einem sinnlichen Verstärker arbeiten. Hierfür besorgen Sie für die diskursive Teamsitzung zum Freiheitsbegriff für jede Kollegin eine Zitrone. Die Zitrone steht für die Adjektive sauer, erfrischend und gesund.

Hierzu vervielfältigen Sie folgende Gesundheitscheckliste für Ihre Kolleginnen, die aufzeigt, wofür eine Zitrone alles gut ist.

Sauer macht lustig
Wunderkur Zitronenwasser

- Entsauert und entgiftet.
- Reinigt die Nieren.
- Stärkt das Immunsystem.
- Fördert und verbessert die Verdauung.
- Schützt die Gelenke.
- Hilft beim Abnehmen.
- Heilt Schleimhäute.
- Unterstützt Leber und Galle.
- Duftet frisch und belebend.
- Wirkt anregend auf den Organismus.
- Lässt uns witzige Grimassen machen.
- „Sauer macht lusig!"

Zur täglichen Anwendung empfohlen!

Sie nehmen sich anschließend die Freiheit, mit einem Lackstift ein Smiley auf die Zitronen zu malen. Denn Sie möchten aus dem Sauren etwas Strahlendes machen. Wenn Sie als Team erkennen, welche Freiheitspotenziale Ihre Kita für Ihre pädagogische Arbeit für Sie bereithält, kommt die gute Arbeitsatmosphäre wie von selbst angeflogen. Und vielleicht implementieren Sie ja für den Alltag das tägliche oder wöchentliche Zitronen-Ritual als Kraftquelle für Ihre Teamgesundheit!

3.1
Geniale Elternarbeit mit Humor

Begriffsklärung: Elternarbeit, Erziehungspartnerschaft oder was?

Starten wir doch gleich mit einer kleinen Übung fürs Team: Schreiben Sie die beiden vertrauten Begriffe Elternarbeit und Erziehungspartnerschaft einfach einmal jeweils auf eine Karte. Welche Gedanken tauchen zu den beiden Begriffen auf? Es geht dabei nicht um Inhalte, es geht allein um die Begrifflichkeiten.

Hier einige Aussagen von Erzieherinnen, die sie mit den beiden Bgriffen verbinden:

Elternarbeit:
- Schwer, anstrengend, erfordert eine Menge Geduld und Duldsamkeit.
- Bringt viel, wenn man die Eltern besser einzuschätzen lernt.
- Der Kontakt mit Eltern bedeutet eine zusätzliche Belastung.
- Arbeit mit Eltern macht Spaß.
- Wir Erzieherinnen müssen die Eltern „bearbeiten".
- Manche Eltern haben gar keine Lust auf eine Zusammenarbeit.
- Was wir von Eltern wollen, kommt nicht zur Sprache.
- Klingt einseitig.
- Das geht von der Zeit mit den Kindern ab.
- Ohne die Mithilfe von Eltern geht es nun einmal nicht.
- Na ja, wegen der Elternarbeit habe ich meinen Beruf nicht gelernt, bei mir sind die Kinder wichtiger.

Erziehungspartnerschaft:
- Ist eigentlich nur ein anderes Wort für Elternarbeit.
- Muss das wirklich sein, will ich eine Partnerschaft mit Eltern eingehen?
- Immerhin kennen die Eltern ihr Kind am besten, darum ist es richtig, sie einzubeziehen.
- Druck entsteht, wenn diese Partnerschaften nicht funktionieren.
- Was machen wir mit denen, die kein Interesse daran haben (Kolleginnen und Eltern)?
- Ein gleichberechtigtes Miteinander von Erzieherin und Eltern, das ist echt ein guter Ansatz.
- Es fühlt sich irgendwie gezwungen und fremdbestimmt an.
- Es klingt toll und klappt auch gut.
- Da sind Eltern die verantwortlichen Experten für ihr Kind.
- Eltern denken dann nicht mehr, zu einem Gespräch „vorgeladen" zu sein, sondern kommen gerne, weil man sich auf wohlwollender Augenhöhe trifft.

Die Argumente sprechen für den Begriff der Erziehungspartnerschaft. Und das aus guten Gründen. Nutzen Sie doch einmal eine Teamsitzung dazu, sich mit beiden Begriffen auseinander zu setzen.

Was fällt Ihnen im Team zu den Begriffen ein?

Sie kennen doch sicherlich diesen Leitsatz: „Erst die Arbeit, dann das Vergnügen."
Jahrhunderte schufteten die meisten Menschen nach diesem Prinzip. Arbeit und Freude schlossen einander aus!

Es scheint, als würden viele von uns auch heute noch genau nach diesem Leitsatz leben bzw. arbeiten.

Wussten Sie, dass es ganz leicht ist, einen neuen, ganz persönlichen Leitsatz zu kreieren?

Wir haben das getan, hoffentlich in Ihrem Sinne:

Hier kommt nun ein **genialer** neuer Leitsatz:

„Arbeits-Freude bringt Arbeits-Qualität!"

Das hört sich doch erfrischend gesund an, oder? Und schon gleich ist der Begriff Arbeit positiv besetzt, soll heißen, Arbeit kann, soll und will mit Freude einhergehen. Dies gilt eben auch für die vielen Kontakte und Begegnungen mit den Eltern. Können Sie nicht auch bzw. noch mehr Freude bereiten? Und so gleitet der Begriff der „Elternarbeit" nach und nach in die Mottenkiste.

Elternarbeit, das war einmal, jedenfalls in den meisten Kitas. Der Begriff „Elternarbeit" wurde abgelöst, weiß überhaupt jemand, wer dies initiiert hat? Jedenfalls verwenden Erzieherinnen heute meist den Begriff der „Erziehungspartnerschaft". Das klingt richtig prima.

Wie viele Partnerschaften sind gesund?

Wie ein Lauffeuer hielt ein neuer Begriff in der Kita-Landschaft Einzug. Der Begriff Erziehungspartnerschaft ist angetreten, brachte sprichwörtlich frischen Wind in die verstaubte Zeit, die Zeit der Elternarbeit.

Die Außenwirkung war ein Volltreffer. Erziehungspartnerschaft, das klang und klingt auch heute noch nach Verbundenheit, es klingt warm und harmonisch.

Wohlwollend war und ist angedacht, dass Familien und die Erzieherinnen der Kindertageseinrichtung eine (Erziehungs-)Partnerschaft eingehen. Es ist eine Partnerschaft, die mit einem Thema „besetzt" wird, mit dem Thema der Erziehung! Das wiederum ließ damals schon so manche Erzieherin aufschrecken, all die facettenreichen Erziehungsmodelle vor Augen, die in den Familien praktiziert wurden und werden.

Erzieherinnen bauen mit den Kita-Eltern zum Wohle des Kindes eine Partnerschaft auf. Gemeinsam möchte man die Entwicklung und die Erziehung der Kinder gestalten.

Doch was bedeutet es, eine Partnerschaft aufzubauen, eine Partnerschaft zu leben?

Das wissen viele Erzieherinnen aus eigener Erfahrung. Der Blick auf eigene persönliche Partnerschaften, auch wenn diese anderer Natur sind, zeigt an, dass es zunächst einmal zwei freiwillige Parteien gibt, die eine Partnerschaft eingehen möchten. Und gleich hier stellt sich die erste Frage, die Sie als Leserin ehrlich beantworten sollten: Möchten Sie mit allen Eltern bzw. Familien ihrer Kita eine Erziehungspartnerschaft eingehen?

Eine Erziehungspartnerschaft mit einzelnen Familien ist vorstellbar, wird vielleicht sogar bereits erfolgreich praktiziert, das wissen wir alle. Ganz leicht und beschwingt fühlt es sich hier an, wenn Eltern und Erzieherinnen sich über die Entwicklung des Kindes austauschen. Man mag sich auf Anhieb, die Sympathie schwingt mit. Ganz unkompliziert werden Absprachen und Vereinbarungen eingehalten, das alles zum Wohle des Kindes! Herzlichen Glückwunsch für all die Erziehungspartnerschaften, die bisher von Erfolg gekrönt waren und es noch sind.

Wie viele wirklich gelungene Erziehungspartnerschaften zählen Sie in Ihrer Kita?

Möchten Sie die Erziehungspartnerin von Frau Schmittke-Steinberg sein? Frau Schmittke-Steinberg, die ihr Kind allein erzieht, ist Studienrätin. Sie ist überzeugt davon, dass ihre Tochter Marie-Claire anderen Kindern in der Entwicklung weit voraus ist und fordert auch in der Kita Fördermaßnahmen ein, die bisher in der zweiten Klasse einer Grundschule platziert sind. Sie ermahnt ihre Tochter kontinuierlich, wenn diese die vermeintlich richtige Ordnung an ihrem Garderobenplatz nicht einhält, und nicht zuletzt korrigiert sie fortwährend die aus ihrer Sicht unkorrekt ausgesprochenen Endsilben beim Erzählen ihrer Tochter. Frau Schmittke-Steinberg ist hier nur beschrieben, sie ist damit nicht abgewertet! Sie ist, wie sie ist!

Und dann ist da noch Familie Freiherz. Möchten Sie mit Familie Freiherz eine Erziehungspartnerschaft eingehen? Beide Elternteile sind nur selten daran interessiert, wie sich ihr Sohn Konrad entwickelt. Sie sind beruflich sehr stark eingebunden, den Interessen und Bedürfnissen des Sohnes widmen sie sich nur eingeschränkt. Konrad wird ganz selbstverständlich von wechselnden Kontaktpersonen abgeholt und angebotene Gespräche über die Entwicklung von Konrad finden, wenn überhaupt, nur nach wiederholter Anfrage statt. Auch Familie Freiherz ist hier nur beschrieben. Sie ist so, wie sie ist!

Mal ehrlich, wer würde bei solchen Voraussetzungen, wie oben beschrieben, an eine Partnerschaft auch nur denken? Stellen wir uns es doch einmal vor, wie sähe oder wie sieht eine Erziehungspartnerschaft mit Frau Schmittke-Steinberg aus? Ist es nicht so, dass Sie gerne Einfluss auf das Erziehungsverhalten der Mutter nehmen oder nehmen würden? Ist es nicht so, dass Sie dies als Ihre Aufgabe sehen oder sehen würden? Und ist es nicht so, dass Sie dies dann in Gesprächen und anderen diversen Erzieher-Elternkontakten auch versuchen oder versuchen würden? Genau dies ist das Dilemma, es ist, beziehungsweise, soll eine Partnerschaft sein, in der zum Thema Erziehung ein Gleichklang angestrebt wird. Und genau dieser Gleichklang klingt anstrengend! Es ist eher ein Zweiklang!

Und wie sähe es bei unserem zweiten Beispiel, bei Familie Freiherz aus? Wie würden Sie sich Familie Freiherz gegenüber verhalten? Wären Sie nicht auch bemüht, das Interesse der Eltern an ihrem Sohn zu aktivieren? Würden Sie nicht auch hier eventuell Elterngespräche führen, um so einiges zu verändern? Auch hier wird es anstrengend für Sie. Familie Freiherz hat ganz andere Auffassungen vom Leben, von der Lebensgestaltung und gleichwohl von der Bedeutsamkeit eines Kindes im Familiensetting.

> **Warum lassen wir Familien nicht sein, wie sie sind?**
> Ganz einfach, weil eine „Erziehungspartnerschaft" sprichwörtlich angestrebt wird.
> Und dieses Streben ist einfach nur, seien wir ehrlich, anstrengend!

Frau Schmittke-Steinberg, Familie Freiherz und eine Vielzahl von weiteren Familien der Kita hatten und leben seit Jahrzehnten ein vielseitiges, kreatives, eigensinniges, experimentierfreudiges Erziehungsmodell. Was ist schlimm daran? Natürlich schließt dies nichts aus, Familien, wenn nötig, vehement damit zu konfrontieren, dass externe Hilfemaßnahmen notwendig sind!

Liebe Kolleginnen, das mit der Erziehungspartnerschaft ist gut gemeint! Doch wir stellen diesen Begriff hier und jetzt ganz bewusst auf den Prüfstand.

Erzieherinnen stoßen an ihre Grenzen, all den Wünschen, Forderungen, Beschwerden und außergewöhnlichen Bedürfnissen ihrer „Erziehungspartner" gerecht zu werden.

Geniale Frage: Sind Sie glücklich in Ihren (Erziehungs-)Partnerschaften?

Genau diese Frage kann dazu beitragen, die Sache mit den Partnerschaften in den Kitas zu hinterfragen. Ja, Sie haben das Recht, in einer Partnerschaft glücklich zu sein! Anders ausgedrückt, die Freude an den gemeinsamen Kontakten und Begegnungen mit Eltern ist eine Vorraussetzung für ein Gelingen von Partnerschaft! Wie viele (Ehe-)Paare leben in kranken, anstrengenden und unzufriedenen Partnerschaften?

Wie viele Erzieherinnen würden aus der Erziehungspartnerschaft aussteigen, sie beenden?

Machen Sie doch einfach einmal eine Liste! Wenn Sie selbst entscheiden dürften und könnten: Mit welchen Familien ist eine Erziehungspartnerschaft von Ihrer Seite aus möglich und auch wünschenswert?

Der Druck ist spürbar, der auf Erzieherinnen lastet. Der Anspruch an die Erziehungspartnerschaft ist hoch! Es ist nicht die eine Partnerschaft, es sind gleich mehrere, nein es sind viele, die da gelebt und gestaltet werden sollen. Und so sind Erzieherinnen mehr oder weniger bemüht, auf ihre Partner einzugehen. Im Nacken sitzt die aufdiktierte Partnerschaft und einem Partner gegenüber möchte man sich stets fair, einfühlsam, verständnisvoll und tolerant erweisen. Man möchte sich nach Möglichkeit Zeit nehmen, und den Sorgen und Nöten, den Wünschen und Bedürfnissen der anderen Beachtung schenken. Diese Haltung dem bzw. der Partner gegenüber ist grundsätzlich lobenswert, wenn man eine Partnerschaft eingeht!

Sind diese Haltungen aber nicht grundsätzlich lobenswert, auch wenn wir nicht in einer (Erziehungs-)Partnerschaft leben?

Doch die Erziehungspartnerschaft ist – wie bereits oben erwähnt – „besetzt".
Einerseits dreht es sich um ein partnerschaftliches Verhalten, andererseits um die gemeinsame Erziehung der Kinder.
Klang der Begriff Erziehungspartnerschaft zu Beginn unserer Auseinandersetzung in diesem Kapitel noch angenehm warm, so wird jetzt deutlich, dass die Belastung vorprogrammiert ist.

Genialer Impuls: Schließen Sie für einen kurzen Moment einmal die Augen. Denken Sie nun einmal: es gibt keine Erziehungspartnerschaften in meiner Kita mehr.
Tauschen Sie sich dann im Team darüber aus!

Was bleibt? – Ich bin Beziehungsgestalterin!

Es gibt eine Vielzahl Beziehungen, die mein Leben und meine Arbeit bereichern. Meine Beziehungen in der Kita, sei es zu Eltern, zu Kindern oder zu meinen Kolleginnen sind ganz unterschiedlich, jeden Tag anders. Mir begegnen Menschen fröhlich, freundlich, missmutig, herzlich, zuvorkommend, fordernd, gestresst, grimmig uvm. Wie bin ich? Wie verhalte bzw. wie möchte ich mich in den verschiedensten Situationen verhalten? Ich wachse an und mit den vielfältigen Kontakten, die ich erlebe. Ich lerne stets neu. Ich bin Lernende.

Wir laden Sie ein, den Begriff Erziehungspartnerschaft probehalber zu streichen. Lassen Sie für eine Zeit einfach einmal diese Vokabel weg.

Anmerkung: Wir wissen, dass gerade eben dieser Begriff in den Konzeptionen vieler Kitas seinen Platz gefunden hat. Das ist nicht weiter von Bedeutung. Er kann dort stehenbleiben! Es ist nur ein Wort, ein Begriff. Ihre eigene Haltung Eltern gegenüber ist entscheidend!

Ist es nicht so, dass Erzieherinnen alles Mögliche dafür tun, damit Partnerschaften gelingen? Das wäre okay und auch weiter gar nicht so schlimm, hätten Erzieherinnen nicht auch noch anderes zu tun!

Freie Partnerwahl, bitte!

Tür- und Angelgespräche sind gut gemeint! Einen „Guten Morgen", das wünschen wir uns gegenseitig. Doch wenn gleich morgens z. B. der erste massiv formulierte Unmut von Herrn Forster bezüglich des gestrigen Konfliktes seines Sohnes in Gegenwart mehrerer Kinder thematisiert wird, ist dies der Guten-Morgen-Stimmung nicht förderlich.

Wie reagieren wir? Geschult im Umgang mit Eltern sind wir bemüht, Herrn Forster zu beruhigen, schließlich ist er unser Erziehungspartner! Und so sind wir unverzüglich mit diesem Vater im Kontakt. Manchmal gelingt es uns, die „richtigen" Worte zu finden und wir verzaubern den Unmut der Vaters in ein kleines Schmunzeln. Ein anders Mal dauert es länger und unsere Argumente gehen uns aus. Wir finden keinen Zugang zu diesem Menschen. Der Vater dreht sich um, lässt uns stehen und geht mit seinem Unmut zur Arbeit. Selbst vom Unmut angesteckt, weil wir diese Situation für alle Beteiligten nicht zufriedenstellend lösen konnten, gehen wir zurück zu den Kindern. Und nun sollen wir möglichst fröhlich den Kontakt mit den Kindern gestalten.

Ein „Guter Morgen" beginnt definitiv anders. Und eine solche Partnerschaft ist einfach anstrengend! Das kommt so manchem von uns doch bekannt vor, oder?

Dies ist ein kleines Beispiel für viele andere Situationen, in denen Erzieherinnen nach Lösungen suchen, die kleineren und größeren konfliktgeladenen Begegnungen mit Eltern zu meistern. Herr Forster in unserem Beispiel hat das Recht, uns, aus welchem Grund auch immer, anzusprechen. Doch muss dies an einem wunderbar fröhlichen Morgen passieren? Es ist paradox, dass sich Erwachsene über das gestrige Geschehen austauschen, die Kinder aber selbst schon längst alles vergessen haben und freudig im Spiel vertieft sind. Jetzt fragen Sie sicherlich, was kann man denn machen, wenn ein Herr Forster vor einem steht und seinen Unmut äußert?

Fragen wir doch gleich weiter: Was können wir tun, wenn Frau Milster gerne einfach mit Ihnen morgens ein wenig plaudern möchte? Schließlich gibt es auch viele Eltern, die einfach gerne mit Ihnen ins Gespräch kommen möchten.

Wie werden sie genannt diese Gespräche? Als Tür- und Angel-Gespräche sind sie irgendwann einmal betitelt worden.

Wir stellen wieder einmal eine **geniale** Frage: Wer hat hier wen an der *Angel?*

Fühlen Sie sich auch manchmal so, als würden Sie an einem Angelhaken hängen? Die innere Stimme fragt dann: „Wie komme ich aus dieser Situation bloß wieder raus? Ist doch mein Partner, der da vor mir steht, da muss ich doch freundlich bleiben, oder?" Es kann aber auch andersherum laufen. Vielleicht sind Sie selbst morgens manchmal an einer kleinen Plauderei interessiert. Und Sie sind es, die neugierig auf Antworten der Eltern warten. Sie sind gut drauf und suchen das Gespräch mit Müttern oder Vätern. Die Umstände stimmen. Es ist ruhig, die Kinder sind im Spiel vertieft und was spricht gegen einen kurzen Austausch mit Frau Degenheit, die Ihnen sympathisch ist?

Der Start in den Morgen hat Einfluss auf den weiteren Verlauf des Tages. Jeder Morgen ist anders. Sie können mit entscheiden, wie die Begrüßungssituation ausfällt.

Ein freundliches „Guten Morgen" von Ihrer Seite ist wahrscheinlich selbstverständlich. Ein freundliches „Guten Morgen" ist auch von Seiten der Eltern oftmals selbstverständlich.

Wesentliche, wichtige Infos werden von beiden Seiten mitgeteilt bzw. ausgetauscht. Das soll so bleiben! Soweit ist alles wunderbar unkompliziert für alle Beteiligten. Und dann folgt manchmal die „Sache mit der Angel".

Liebe Kolleginnen, wenn Sie das „Angelgefühl" spüren, lösen Sie sich doch einfach!

Liebe Kolleginnen, es ist an der Zeit Grenzen zu setzen! Sie müssen sich nicht jeden Schuh anziehen, den man Ihnen hinstellt und davon ausgeht, dass Sie in ihn hineinschlüpfen und sofort „Gewehr bei Fuß" stehen. Denken Sie an das plastische Bild der Schuh-Metapher zu Beginn dieses Kapitels. Rufen Sie sich die Schuh-Metapher in Ihr Gedächtnis und sagen Sie es sich selbst: „Diesen Schuh ziehe ich mir jetzt nicht an. Den lasse ich einfach mal da stehen!" Sprechen Sie dabei mit einer freundlichen inneren Stimme, straffen Sie die Schultern und entfernen Sie sich aus der Situation. Das nennt sich auch freundlicher Rückzug.

Selbst, wenn Sie den Begriff der Erziehungspartnerschaft in Zukunft beibehalten, auch in einer Partnerschaft darf jeder Beteiligte Grenzen setzen und damit auch Sie!

Wir brauchen nicht erst zu lernen, unsere Grenzen zu setzen! Wir spüren sie! Je nachdem in welcher Situation wir uns befinden, je nachdem, wer vor uns steht und je nachdem in welcher Stimmung und Verfassung wir uns gerade befinden. Wir spüren, dass es uns nicht gut geht, empfinden unser Unwohlsein und damit unsere eigene, ganz individuelle Grenze! Unsere Grenze ist da, zeigt sich von selbst, sie ist nicht verhandelbar! Und dann geht es um unsere Courage: Entscheiden wir uns dafür, das Gefühl zu ignorieren oder dafür, es zu respektieren und zu handeln?

Mit anderen Worten, wir haben stets eine Wahl!

Wenn du nicht handelst, wirst du behandelt! Oder um es mit Johann Wolfgang von Goethe zu sagen:

> „Es wird einem nichts erlaubt. Man muß es nur sich selber erlauben.
> Dann lassen sich's die andern gefallen oder nicht."

Sicherlich, Herr Forster darf seinen Unmut äußern. Sie aber entscheiden darüber, wie Sie sich in diesem „Angelgespräch" verhalten. Und so könnte die Befreiung von der Angel, oder mit anderen Worten, so könnten Ihre Grenzen, soweit sie diese spüren, aussehen:

Vielleicht so:
„Herr Forster, bitte jetzt nicht, die Kinder warten!"
Oder: „Lieber Herr Forster, dazu sprechen wir später."
Oder: „Es tut mir leid Herr Forster, ich möchte jetzt nach den Kindern schauen!"

Sie müssen nicht sofort auf jede Frage eine Antwort parat haben oder auf jedes Anliegen von Erwachsenen eingehen! Lenken Sie die Aufmerksamkeit auf das Wesentliche … – die Kinder!

Fragen Sie gerade: „Wie würde sich der Vater dabei fühlen, wenn ich so reagierte?" Nun, manchmal geht es Menschen auch nur darum, einige Botschaften loszuwerden, beispielsweise ihren Unmut kundgetan zu haben. Das ist ihnen dann das Wichtigste. Dampf abzulassen, um sich von innerem Druck zu befreien. Das funktioniert am besten mit einem Gegenüber, das zuhört und spiegelt: „Botschaft erhalten." Ähnlich einem erbosten und aggressiven Autofahrer, der im Auto über all die unfähigen anderen Verkehrsteilnehmer pöbelt und sich aufregt, ist auch bei so manchem Elternteil die Wut verraucht, sobald sie vom inneren Druck befreit sind. Damit möchten wir Sie einfach ent-lasten, liebe Kolleginnen in den Kitas. Die Last der anderen darf ruhig deren Last bleiben, sie muss nicht zu der Ihren werden.

> „Menschen, die immer daran denken, was andere von ihnen halten, wären sehr überrascht, wenn sie wüssten, wie wenig die anderen über sie nachdenken." (Bertrand Russel)

Drehen wir den Spieß um und fragen Sie. Wie werden Sie sich fühlen, wenn Sie all den Erklärungen und Rechtfertigungen nicht mehr so viel Gewicht verleihen? Wie werden Sie sich fühlen, wenn es nicht mehr die oberste Priorität ist, Eltern zu beruhigen, Eltern zu überzeugen, Eltern zu befrieden?
An dieser Stelle bleibt nochmals anzumerken, dass es viele Familien in den Kitas gibt, die niemals auf die Idee kommen würden, etwas zu beanstanden. Sie sind unterstützend, freundlich und einfach nur angenehm zufrieden. Es bleibt weiter anzumerken, dass all

die Familien, die auch „manchmal" berechtigt ihren Unmut äußern, kritisch hinterfragen und dergleichen, nicht weniger oder mehr wert sind, als andere Familien es sind. Jede Familie agiert und reagiert auf ihre Weise anders. Es ist das pure Leben, was in der Kita gelebt wird. Und wie im echten Leben sollten wir einander möglichst mit Akzeptanz und Respekt begegnen.

Festzuhalten gilt: Mit fünfzig, achtzig, hundert oder sogar manchmal noch mehr Erziehungspartnerschaften sind wir definitiv einfach nur überfordert!

Teamentscheid:
Wohin die Reise in Ihrer Kita geht

Es geht auch **einfach genial**: In der Kita oder im Familienzentrum ist die Beziehungsvielfalt lebendig.

Ein kleiner Exkurs in die Kita Sankt Anton:

Familie Meier ist befreundet mit Familie Hestermann. Familie Sondermann ist zerstritten mit Familie Germrad. Herr Pelster versteht sich ausgezeichnet mit Erzieherin Konstanze, Erzieherin Svenja hat privaten Kontakt mit Frau Glimmel und Frau Dannheim. Erzieherin Margit meidet den Kontakt zu Familie Berger. Frau Pleger bewundert Erzieherin Birgit. Familie Forter und Familie Tucher verbreiten negative Gerüchte über die Kita. Und so weiter und so fort!

Einige der Familien interessieren sich für die pädagogische Arbeit der Erzieherinnen. Sie fragen nach, wie das Projekt abläuft, bieten ihre Unterstützung an. Andere Familien sind beruflich sehr stark belastet, sind stets gehetzt, und die Kontakte zu den Erzieherinnen sind eher flüchtig.

Das Verhalten von Eltern und Erzieherinnen geht jeden Tag aufs Neue einher mit Freundlichkeit und Unfreundlichkeit, Zufriedenheit und Unzufriedenheit, Offenheit und Zurückhaltung, Herzlichkeit und Kühle, Optimismus und Pessimismus, Sympathie und Antipathie, Humor und Ernsthaftigkeit und vielem mehr.

Die Beziehungen der Familien untereinander, die Beziehungen von Eltern und Erzieherinnen und die Beziehungen der Erzieherinnen untereinander, sie alle spiegeln das wirkliche Leben! Das wirkliche Leben und so auch das Kitaleben zeigt ein Wechselbad von Gefühlen, Stimmungen, Meinungen und Haltungen von Menschen. Jeder Einzelne entscheidet selbst, mit welcher Haltung er zur Gesamtstimmung beitragen möchte.

- Wir laden Sie ein, das Phantom einer übereinstimmenden Haltung Menschen beziehungsweise Kindern gegenüber zu begraben.
- Wir laden Sie ein, die Unterschiedlichkeit der Menschen auch in Bezug auf das Erziehungsverhalten Kindern gegenüber erst einfach einmal zu akzeptieren!

Manche Eltern lieben ihre Kinder. Manche Eltern geben ihren Kindern Rückhalt. Manche Eltern schenken ihren Kindern Beachtung. Manche Eltern geben ihren Kindern Anregung und Unterstützung. Manche Eltern zeigen aufrichtiges Interesse an dem, was ihr Kind sagt und tut.

Manche Eltern maßregeln ihre Kinder! Manche Eltern bestrafen ihre Kinder! Manche Eltern schreien ihre Kinder an. Manche Eltern belügen ihre Kinder.

Was von dem, wie Eltern sich Kindern gegenüber verhalten, trifft auch auf Sie zu? Ist es wirklich so, dass Erzieherinnen sich dem Kind gegenüber stets pädagogisch wertschätzend verhalten? Wir alle kennen Erzieherinnen, die dies nicht tun!

Kinder brauchen Erwachsene, die einander akzeptieren statt einander zu reparieren! Doch jeder akzeptiert längst nicht jeden!

Und doch: Alle Beteiligten geben ihr Bestes, Erzieherinnen gleichermaßen wie Eltern auch!

Das Beste ist immer anders! Das Beste ist relativ. Das Beste ist subjektiv!

Das Beste ist veränderbar. „Das Beste" in der Erziehung von Kindern ist von vielen Fachleuten festgeschrieben. Dennoch schließt dies nicht aus, dass Erzieherinnen und Eltern ihr ganz „persönliches Bestes" geben, und das ist Tag für Tag manchmal sehr unterschiedlich.

Kennen Sie das?

Sie sind selbst erschrocken darüber, dass Sie die kleine Marie laut kritisiert haben. Sie wollten dies nicht und dennoch ist es passiert, Sie entschuldigen sich aber kurz darauf bei dem Kind für die in ihren professionellen Augen unangemessene Reaktion. Wissen Sie was, Sie haben Ihr Bestes gegeben! Sie sind sich Ihrer Reaktion, Ihres unprofessionellen Verhaltens bewusst. Und Sie übernehmen die Verantwortung dafür, indem Sie sich beim Kind dafür entschuldigen. Die Beziehung zum Kind ist Ihnen wichtig!

Hier nun das Beispiel einer Alltagssituation fachpädagogischer Überforderung, aus der heraus eine Erzieherin unprofessionell agiert, sich aber später reflektiert, ihre „Fehler" einsieht und sie korrigiert:

Die Essenssituation am Mittag (20 Kinder essen mit den Erzieherinnen Beate und Jutta in einem Raum) verlief gut. Das anschließende Zähneputzen an den vier Kinderwaschbecken gestaltete sich laut, hektisch und etwas chaotisch, weil die neuen Kinder noch viel Unterstützung benötigen. Die größeren Kinder nutzen dies, um der Aufmerksamkeit der Erzieherin zu entgehen und sich gegenseitig nass zu spritzen, die Zahnbürsten zu entwenden oder sich zu schubsen und zu gängeln. Während Beate das Esszimmer mithilfe zweier Kinder säubert, hat Jutta mit den restlichen 18 Kindern alle Hände voll zu tun, das kennen wir ja alle aus der Praxis – so oder so ähnlich. Jutta bemüht sich, zu den jüngeren Kindern sehr ruhig und geduldig zu sein. Die Konflikte und Umtriebe der anderen Kinder muss sie aber natürlich auch im Blick haben, damit die Gesamtsituation nicht eskaliert. Mittlerweile sind die meisten Kinder in Richtung Schlafraum unterwegs, wo sie von Beate erwartet werden. Einige Kinder schlafen mittags nicht mehr, sie warten ungeduldig darauf, von Jutta, die noch immer im Kinderbad bei den Jüngeren weilt, in die Mittagsgruppe begleitet und dort an eine Kollegin übergeben zu werden. Jutta versucht, tief durchzuatmen, als sie schließlich nach einer gefühlten Ewigkeit im Dauerstress mit Beate die Kinder in ihre Betten bringt, liebevoll zudeckt und sich auf ihre Schlafwache einstimmt. Die kleine Ingrid, die ihre ersten Tage in der Kita verbringt und gerade drei Jahre geworden ist, weint nun schon seit über 2 Stunden. Mal lauter, mal stiller. Leider müssen beide Eltern ganztags arbeiten, die zweiwöchige Eingewöhnungszeit hatten Eltern, Kind und Erzieherinnen ein recht gutes Gefühl gehabt, dass Ingrid den Verbleib in der Kita gut meistern könne. Doch die Informationsflut, die ungewohnten Abläufe und das Einordnen in die organisatorischen Strukturen haben Ingrid seit einigen Tagen überfordert, sodass sie sich an Jutta, ihre Bezugserzieherin, klammert. Jutta ist ebenfalls manchmal überfordert. Und heute ist ein besonders anspruchsvoller Tag. Sie hat den Eindruck, es müsse sie als Person viermal geben, um all den Aufgaben gewachsen zu sein. Beate hätte eigentlich bereits ihre wohlverdiente Mittagspause, unterstützt Jutta aber beim Zubettbringen der Kinder, das sich unter anderem durch Ingrids Leiden in die Länge zieht. Kaum auf ihre Matratze gebettet, steht Ingrid bitterlich weinend wieder auf und schleicht wie benommen umher. Sie ist erschöpft vom Weinen, kommt aber nicht zur Ruhe. Jutta fängt sie ein ums andere Mal wieder ein, nimmt sie auf ihre Arme und bringt die Kleine in ihr Bettchen. Doch nichts scheint zu helfen. Jutta befindet sich in einem Dilemma. Auf der einen Seite ist da Beate, die auf ihre Pause verzichtet, und der sie gerne wenigstens noch ein Viertelstunde Pause ermöglichen würde. Auf der anderen Seite ist da ein untröstliche Kind, dessen Eltern nicht unterstützen können. Sie schimpft innerlich auf das Eingewöhnungsmodell ihrer Kita, das einfach nichts nutzt, wenn die äußeren Zwänge es nicht zulassen, sich am Kind zu orientieren. Ingrid bräuchte jetzt ihre Mutter, findet Jutta. Aber die muss ja arbeiten. Psst, und wie soll sie hier in der Kita arbeiten, wenn ein Kind eine permanente Eins-zu-eins-Betreuung benötigt? Darüber zerbricht sich wohl keiner den Kopf. Jedenfalls stehen diese Probleme des Alltags in keinem Bildungsplan und in keiner Konzeption. Da steht immer nur drin, dass alles gut klappt. Wenn es dann doch nicht gut klappt, denkt man als Erzieherin, man habe es eben nicht drauf oder sei nicht ausreichend belastbar. Solche Gedanken gehen Jutta durch den pädagogischen Fachkopf. Als irgendwann doch Ruhe eingekehrt ist im Schlafraum, und Jutta gerade ihren unbequemen Streichelplatz neben Ingrids Matratze verlassen hat, um sich auf ihrer Matratze auszustrecken, merkt sie, wie anstrengend dieser erste halbe

Kita-Tag heute war. Der Frühdienst steckt ihr in den Knochen, zudem muss sie heute länger bleiben, um eine Kollegin zu vertreten. Sie atmet einige Male tief ein und aus, um zu entspannen. Sie schließt ihre Augen und lauscht dem leisen Schnarchen und den tiefen Atemzügen der erschöpften Kinder, die heute erst sehr spät einschlafen konnten. Und dann, nach nur zwei oder drei Minuten, erfüllt ein megalautes Gebrüll den abgedunkelten Raum. Ingrid ist schreiend erwacht, kaum dass sie für einige Minuten eingeschlafen war. Bevor Jutta aufspringen und das Mädchen beruhigen kann, sind auch die anderen Kinder wach. Einige weinen, andere stöhnen und wieder andere stehen auf und streben Richtung Tür. Chaos pur bricht aus! Jutta blickt sich entgeistert um. Und dann bricht es aus ihr heraus: „R – U – U – H – E!!!!", brüllt sie aus vollster Überzeugung in den Raum hinein. „Jetzt ist aber mal Schluss hier! Ich kann das nicht mehr aushalten! Ihr legt euch S – O – F – O – R – T wieder hin und haltet den Mund! Ich glaube, ich spinne, aber echt! Und wenn ich jetzt auch nur noch EINEN Mucks von euch höre – und vor allem von dir, Ingrid ...", dabei zeigt sie drohend auf das weinende Mädchen und fuchtelt wütend mit ihrem Zeigefinger in der Luft ... „Dann ist aber etwas geboten, das verspreche ich euch!" Erschrocken halten die Kinder in ihrem Tun inne, selbst Ingrids Schreien ist einem lautlosen Wimmern gewichen. Nach wenigen Minuten liegen alle Kinder wieder in ihren Betten, aber niemand schläft mehr ein in diesem Raum. Dazu sind alle zu aufgewühlt, zumal Ingrids Schluchzen das Ganze noch dramatischer zu machen scheint. Jutta liegt auch wieder, ihr Herz rast, ihr Mund fühlt sich trocken an. Noch NIE hat sie Kinder derart angeschrien. Was ist nur in sie gefahren? Ob sie jemand gehört hat? Oh Gott, wenn jetzt eine Mutter im Flur stand oder eine Kollegin vorübergelaufen war? Ach was, sicher hatte man ihr unpädagogisches Gebrülle bis auf die Straße gehört. Sie versuchte, sich zu beruhigen und musste unwillkürlich an den Song „Atemlos durch die Nacht" denken. Denn atemlos schien auch die richtige Beschreibung für die derzeitige Stimmung im Schlafraum zu sein. Schließlich wusste Jutta, was zu tun war: Sie musste sich entscheiden, was ihr wichtiger ist, nämlich, ob sie jemand gehört hatte und unangenehme Konsequenzen drohten. Oder die Sache mit den Kindern und sich selbst zu klären. In die atemlose Stille hinein begann Jutta zu flüstern: „Kinder, ich möchte euch etwas sagen ...! Es tut mir wirklich leid, dass ich eben so laut geworden bin und euch angeschrien habe. Deswegen möchte ich mich bei euch und vor allem bei Ingrid entschuldigen. Sicher seid ihr genauso erschrocken wie ich. Ich wusste gar nicht, dass ich so wütend war. Eigentlich wollte ich mich mit euch ausruhen. Doch als ich dann plötzlich das ganze Chaos hörte und sah, da bin ich sauer geworden. Und laut. Das Laute wollte unbedingt aus mir heraus. Ich weiß nicht, ob ihr das verstehen könnt. Aber ich wäre mit meiner Wut besser vor die Tür gegangen und hätte dort die Wut herausgeschrien als bei euch hier im Schlafraum."

Jutta hat sich später einer Kollegin anvertraut. Diese ermutigte sie, mit der Sache zur Leiterin zu gehen. Falls die Kinder zu Hause über den Vorfall sprächen, sollte klar sein, wie die Kita reagieren würde, falls Eltern kritisch nachfragen.

Und nun zeigt sich ein Einrichtungsprofil in der Wirklichkeit. Stehen Kolleginnen Jutta bei? Haben sie Verständnis für deren Überreaktion? Steht die Leiterin hinter ihren Mitarbeiterinnen, falls sich Eltern beschweren sollten? War Juttas Verhalten gar ein pädagogisches „No go" in dieser Kita und sie muss mit arbeitsrechtlichen Konsequenzen rechnen? Ist Jutta ungeeignet für diesen Beruf? Wird damit offen umgegangen und Jutta berichtet den betroffenen Eltern, wie es sich zugetragen hat? Hütet Jutta das Geschehene als ihr Geheimnis aus Scham oder Angst? Oder arbeitet Jutta vielleicht gar in einer Kita, in der ein solches Verhalten üblich ist?

In Schönwetterzeiten stimmen pädagogische Konzeption und Praxisalltag überein. In Schlechtwetterzeiten jedoch zeigen sich die Schwierigkeiten, einem hohen Anspruch zu jeder Zeit gerecht zu werden. Und beide Wetterzonen gehören zum Kita-Alltag dazu. Jede Leserin und jeder Leser dieser Zeilen trägt ihren oder seinen Teil dazu bei, in welche Richtung die Kita sich entwickelt.

Auf unterschiedliche atmosphärische Wetterzonen treffen Kinder auch in ihrem familiären Umfeld. Das Kind erlebt in der Familie eine Vielzahl von Verhaltenskreationen. Das Kind erlebt auch in der Kita eine Vielzahl von Verhaltenskreationen. Bald in der Schule wird das Kita-Kind mit weiteren Verhaltenskreationen der Lehrer konfrontiert und nicht zuletzt setzt sich dies bis ins Berufsleben fort.

> Einen Verhaltensgleichklang von Erwachsenen im Kontakt mit Kindern gibt es nicht! Manchmal ähneln sich die Klänge, manchmal ist die Disharmonie sichtbar, manchmal hörbar.

Familie ist Familie und Kita ist Kita!

Mütter und Väter, Familien genannt, erziehen ihre Kinder so, wie sie es für richtig halten! Das dürfen sie und sollen sie tun!

Jederzeit können Familien Erzieherinnen um Hilfe und Unterstützung bitten. Erzieherinnen werden diese Unterstützung gerne geben, soweit ihnen dies möglich ist!

- Erzieherinnen interessieren sich für die Biografie des Kindes, bevor es in die Kita aufgenommen wird.
- Erzieherinnen laden die Eltern ein, sich über die Entwicklung des Kindes in der Kita zu informieren.

- Erzieherinnen sind in erster Linie Menschen und sehen auch die Eltern in erster Linie als Menschen.
- Erzieherinnen bitten die Familien um Unterstützung, wenn es zur Entwicklung des Kindes konkrete Fragen gibt.
- Erzieherinnen begleiten die Kinder in ihrer Entwicklung und geben ihr Bestes!
- Eltern begleiten die Kinder in der Entwicklung und geben ihr Bestes.
- Ist nach § 8a des SGB VIII das Kindeswohl gefährdet, ist eine externe Unterstützung für die Erzieherinnen selbstverständlich.

Genialer Impuls:
Laden Sie doch die Eltern einmal zu einem Entwicklungsgespräch ein, und laden Sie dazu gleichzeitig das Kind ein. Sprechen Sie im Beisein des Kindes und der Eltern über all die Dinge, die das Kind in der Kita gut meistert.

Können Sie sich vorstellen, dass diese Seelennahrung alle Beteiligten beflügelt? Ja, auch Sie selbst. Das ist eine Möglichkeit der so genannten ressourcenorientierten Arbeit.

Sollte es eventuell nennenswerte „Auffälligkeiten" beim Kind geben, können diese an anderer Stelle platziert werden. Überlegen Sie aber bitte mehrmals, wenn etwas nicht so ganz „okay" beim Kind ist: „Ist es wirklich nennenswert?" Ist es WERT, es zu benennen? Welchen Nutzen hat es?

Vor lauter Eltern die Kinder nicht vergessen!

Vor lauter Erziehungspartnerschaften, die wir anstreben, stellt sich die Frage: Was ist mit den Kindern?

Standen vor vielen Jahren noch die Kinder im Zentrum der „Kindergartenarbeit", so sind es heute mehr denn je die Eltern, die den Mittelpunkt der Kitaszene erobert haben. Sie nehmen nicht nur zeitlich immer mehr Raum ein, sie sind auch in den Köpfen der Erzieherinnen immer häufiger aktiv, und dies selbst in der Freizeit.

- Und nun?
- In welche Richtung möchten Sie Ihre Kita steuern?
- Welche pädagogischen Reiseziele vereinbaren Sie mit Ihren Kolleginnen und Ihrem Träger?
- Welche Trends wollen Sie mitmachen, welche wollen Sie nicht mitmachen und welche Trends könnten Sie mit Ihrer Kita selbst erfinden?

Es ist an der Zeit, Klarheit zu schaffen. Die Antwort findet sich mit einer **einfach genialen** Frage:

● Welchen Beziehungen schenken wir ein Mehr an Aufmerksamkeit?
● Sind es eher die Beziehungen zu den Kindern oder zu den Eltern?

Diese Frage haben wir zweihundert Erzieherinnen gestellt. Die Antwort war eindeutig: 95 % der befragten Erzieherinnen stellten die Beziehungen zu den Kindern in den Vordergrund. Nur 5 % waren der Überzeugung, dass die Zusammenarbeit mit den Eltern wichtiger sei.

Widmen wir uns den 95 %!

All die Zeiten, in denen wir Erzieherinnen gemeinsam mit den Eltern über das Kind reden, fehlen dem Kind als Beziehungszeiten. Fragen Sie sich einfach einmal, wie sehr Sie damit beschäftigt sind, sei es auch manchmal nur in Gedanken, einen „partnerschaftlichen" Kontakt zu den Eltern des jeweiligen Kindes zu erarbeiten.
Wenn die Beziehung zu den Kindern wichtig ist, dann braucht dies Zeit!
Das bedeutet, dass wir den derzeit zeitaufwendigen Elternkontakten Zeit abziehen!
Was wäre, wenn wir die Zeit, die wir für den Austausch beziehungsweise für die Beratung von Eltern benötigen, damit diese ein angemessenes Verhalten dem Kind gegenüber zeigen, dem Kind widmen?

Zeitabzug ganz konkret – **geniale** Impulse sind:

Türgespräche ja, Angelgespräche nein: Keine längeren Gespräche, wenn die Kinder morgens gebracht werden. Stattdessen – wie im Beispiel Herr Forster – kurze, freundliche und klare Reaktionen.
Zettelbox: Können Sie sich all die Infos zum Thema wer, wann, wen abholt, merken, die sie von Eltern morgens empfangen? Die Zettelbox hilft: Eltern tragen hier ein, wenn das Kind abweichend von der sonstigen Person bzw. üblichen Zeit abgeholt wird.
Unmutsäußerungen: Ja, die Eltern dürfen ihren Unmut äußern! Aber: Sie müssen nicht sogleich eine Lösung finden! Stattdessen können Sie antworten: „Ich werde mir dazu Gedanken machen!" Oft reduziert sich der Unmut nach ein paar Tagen, manchmal löst er sich gar in Luft auf!

„Wir nehmen die Anliegen der Eltern ernst!" – Warum nehmen Sie die Anliegen der Eltern jedes Mal ernst? Bei aller Liebe zur Ernsthaftigkeit, ein bisschen mehr Humor kann nicht schaden.

Hier zwei Beispiele:

● *Frau Newkirk sucht im Prinzip jeden Tag irgendwelche Sachen ihrer Tochter Anasta-cia. Jede Kollegin sucht ihr Heil in der Flucht, sieht man Frau Newkirk die Einrichtung betreten, um den lästigen Fragen nach fehlenden Hausschuhen, Mützen, Brotdosen oder sonstigem zu entgehen.*

 ► Warum nicht einfach einmal auf sie zugehen und sagen: „Hallo Frau Newkirk, schön Sie zu sehen. Wollen wir heute gemeinsam suchen …?" Und die folgenden Minuten dafür nutzen, um mit Frau Newkirk ein Gespräch zu führen. Den Stier bei den Hörnern packen, wie ein altes Sprichwort sagt. Wer weiß, vielleicht wird dadurch der tägliche Kampf und Krampf um Anastacias Unordentlichkeit zur Nebensache.

● *Herr Matthäus, der Vater von Lukas, ist seit einiger Zeit mehr als kritisch und unzu-frieden mit der Kita. Im Elterngespräch beklagt er die mangelnde Förderung der Vorschulkinder, zu denen auch sein Sohn gehört. Herr Matthäus ist begeisterter Fußballer, sein komplettes Privatleben dreht sich um diesen Sport.*

 ► **Einfach genial**: Erzieherin Katja, die ebenfalls gerne Sport treibt, spricht Herrn Matthäus gezielt an: „Das ist schön, dass ich Sie gerade sehe, Herr Matthäus. Ich habe von meiner Kollegin gehört, dass Sie fast Profifußballer geworden wären, und da wollte ich Sie fragen, ob Sie sich vorstellen könnten, mit mir ein Fußball-turnier für die Großen zu organisieren …! Vielleicht muss Herr Matthäus bei dem Wort Profifußballer schon lächeln, und der Zugang für einen positiven Dialog ist gelegt. Ist dies der Fall, kann Katja es übernehmen, Herrn Matthäus bei überzo-gener Kritik auf den Boden zu holen, indem sie z. B. sagt: „Nun wollen wir aber mal den Ball flach halten. Auch unser Spiel hier dauert nicht länger als 90 Minu-ten und Fair Play und Teamgeist sind uns in der Kita einfach wichtiger als Leis-tungsdruck."

 Eltern in „ihrer" Sprache zu begegnen, kann wahre Wunder wirken!

Sprechen Sie in Ihren Teams darüber, welche Situationen Sie mit Humor meistern kön-nen. Spielen Sie typische Aussagen und Anliegen in der Gruppe durch, üben Sie sich in der Kunst der humorvollen Begegnung. Schauen Sie darauf, wer am besten bei Frau Newkirk, Herrn Matthäus oder anderen Eltern in innerer Gelassenheit verbleiben kann. Und diese Fachkraft kann dann gezielt die Aufgabe übernehmen, den entsprechenden Elternteil bei Unmut mit wohlwollendem Humor zu begegnen. Denken Sie daran, dass Sie und Ihr Team die Richtung Ihrer Reise im Kontakt mit Eltern planen und gestalten dürfen. Da möchten wir gleich noch das Thema der Hausbesuche ansprechen.

Hausbesuche sind in!

Stolz berichten die Erzieherinnen der Kita Traumland, dass sie nun auch Hausbesuche durchführen. Angedacht ist, dass möglichst jede neu aufgenommene Familie daheim besucht wird. Familie König freute sich riesig, als Erzieherin Monika aus der Gruppe ihres Sohnes Sascha ihren Besuch ankündigte. Nach der Führung durch das schmucke Eigenheim gab es Kaffee und Kuchen und Sascha, freudig aufgeregt, zog Monika schon bald ins Kinderzimmer. Monika saß dann mit ihm und Frau König auf dem Boden, gemeinsam spielten sie eine Runde Uno.

Es haben mittlerweile noch weitere Hausbesuche stattgefunden. Wie Monika haben auch die anderen Kolleginnen der Kita einen kleinen Eindruck über die Wohnsituation und das Familienklima der jeweiligen Familie gewonnen.

Monika hat nun bei Frau Schmülling angefragt, ob sie sie einmal zu Hause besuchen dürfe. Frau Schmülling hat abgelehnt. Sie möchte nicht, dass die Erzieherin sieht, wie sie mit ihrer Tochter lebt. Als sie von den Hausbesuchen hörte, fühlte sie sich gleich unwohl. Sie schämt sich dafür, nicht wie einige Familien der Kita in einer „angemessenen" Wohnung zu leben. Es soll auch niemand wissen, dass sie vom Putzen nicht ganz so viel hält.

Und so könnten an dieser Stelle noch viele Familien angeführt werden, die sich mehr als wertgeschätzt fühlen, dass sie daheim von der Erzieherin besucht werden und jenen, die sich aus welchen Gründen auch immer nicht „outen" möchten.

Gegen Hausbesuche ist nichts einzuwenden. Aber würden wir sie erwähnen, wenn wir hier nicht doch wieder eine andere Sichtweise ins Kitaleben tragen möchten?

Hausbesuche ja oder nein:

- Was ist der Sinn eines Hausbesuches?
- Wie viel Zeit kostet ein einziger Hausbesuch, mal abgesehen von der Organisation, die dazu notwendig ist?
- Was ist mit den anderen Kindern während dieser Zeit? Während eine Erzieherin sich an einem Nachmittag einem Kind widmet, bleiben 24 andere zurück.
- Lassen die häufigen Personalengpässe einen derartigen Luxus zu?
- Wie lassen sich Erzieherinnen mehr oder weniger von einem Besuch beeinflussen? Welchen Schluss ziehe ich daraus, eine Familiensituation kurzweilig erlebt zu haben?
- Wie werden sich Flüchtlingsfamilien fühlen, die sie zu Hause in den Flüchtlingsheimen besuchen möchten? (Anmerkung: Ein grundsätzlicher Besuch in einem Flüchtlingsheim ist damit nicht gemeint.)
- Wie steht es um die Privatsphäre?
- Ist nicht, unabhängig von der Wohnsituation und unabhängig von dem Sozialverhalten der Eltern dem Kind gegenüber, mein Verhalten grundsätzlich von einem „menschenwürdigen Verhalten" geprägt?

Liebe Leserinnen, Hausbesuche sind gut gemeint! Und für gelingende Partnerschaften wären gleich vierteljährliche Besuche sinnvoll. Doch ist es nicht geradezu ein Paradox: Wir streiken für bessere Arbeitsbedingungen, leiden unter Zeitdruck und laden uns bei Familie König zu Kaffee und Kuchen ein?

Freiwillige Elterngespräche

Das kennen Sie bestimmt: Erzieherin Gaby ist frustriert. Familie Kolpa ist nicht zum Termin erschienen. Sie hatte sich gut auf das Elterngespräch vorbereitet und es ist schon zweimal passiert, dass Familie Kolpa den gemeinsam verabredeten Termin ohne jegliche Entschuldigung nicht wahrgenommen hat. Die Anzeichen dafür, dass auch dieser Termin eventuell platzen könnte, hat Gaby schon im Vorfeld gespürt. Sie hatte die Familie zu diesem Gespräch überredet, die Dringlichkeit deutlich hervorgehoben. Daraufhin stimmten beide Elternteile einer Verabredung zu. Gaby spricht mit den Kolleginnen über ihren Unmut, denen eine solche Situation auch nicht fremd ist. Im Team ist man sich einig darüber, wie wichtig diese Gespräche sind, und dass man nicht locker lassen dürfe.

- **Halt!** Darf man wirklich nicht locker lassen?
- Oder vielleicht doch?

Wie wäre es, wenn Elterngespräche freiwillig wären? Es gibt Eltern die möchten kein Elterngespräch! Das ist so! Überlassen Sie den Eltern die Entscheidung, ob sie mit Ihnen reden möchten oder ob sie dies nicht tun möchten! Dann brauchen Sie auch niemanden mehr zu überreden. Natürlich ist ein Austausch wünschenswert, aber ein Austausch, der von einer Seite nicht gewollt ist, hat wenig Nutzen. Es ist reine Energieverschwendung. Es ist reine Zeitverschwendung!

In Ihrer Konzeption steht es Schwarz auf Weiß, dass Elterngespräche stattfinden sollen, vielleicht steht dort auch, sie „müssen" stattfinden. Wieder einmal wird deutlich, dass die so genannte Erziehungspartnerschaft von einer Seite einfach so festgelegt wurde, samt Vorgabe für Gespräche.

Was kann passieren, wenn Sie sprichwörtlich die Frei-Willigkeit einführen?

Eltern können **frei** entscheiden, sind **willig** oder eben auch nicht! Wenn Eltern wollen, dann können Elterngespräche auch wieder mehr Spaß machen. All die „erkämpften", „aufgezwungenen" Termine gehen mit einem hohen Maß an Frust für alle Beteiligten einher. Das muss nicht sein.

Bringen Sie eine **einfach geniale** Klarheit in die Beziehung!

Stellen wir doch wieder einmal eine **geniale** Frage: Warum heißen die Gespräche eigentlich Elterngespräche?

Dem Namen nach führen Eltern miteinander ein Gespräch. Wo bleibt da die Erzieherin? Die Initiative, ein gemeinsames Gespräch zwischen Eltern und Erzieherin zu führen, liegt noch immer zum größten Teil bei der Erzieherin. Könnte es auch anders herum initiiert werden? Nur Mut! Klarheit durch Klartext!

Liebe Eltern

1 Grundsätzlich sind Gesprächstermine mit uns immer möglich! Dabei können sowohl Sie als auch wir um einen Termin bitten.

2 Ihre Teilnahme daran ist freiwillig – das ist uns sehr wichtig!

3 Wir Erzieherinnen bieten Ihnen mindestens ein jährliches Entwicklungsgespräch über Ihr Kind an!

4 Sie und wir möchten, dass es Ihrem Kind gut geht. Sollten wir einmal nicht weiter wissen oder Fragen zur Entwicklung Ihres Kindes haben, vertrauen wir auf Ihre Unterstützung.

Ganz simpel auf den Punkt gebracht wird hier, dass Gespräche immer möglich sind, stets auf Freiwilligkeit der Eltern beruhen und grundsätzlich zum Wohle des Kindes anberaumt werden. Auch hier gelten natürlich im Hinblick auf den Verdacht auf Kindeswohlgefährdung gesonderte Bestimmungen. Aber die ca. 20 bis 40 Elterngespräche pro Gruppe und Jahr werden sich wie von Zauberhand halbieren, glauben Sie uns. Und Ihre Arbeit wird deswegen nicht leiden oder weniger qualitativ, sondern gewinnt dagegen an Ressourcen für die Kinder und Ihre Arbeitsfreude.

3.2
Konflikte genial lösen

Lösen durch Lassen

Ein Fallbeispiel soll verdeutlichen, wie schwelende Konflikte und Unzufriedenheit sich geschickt abbauen, wenn man ihnen einfach mal den Raum und die Zeit gibt, sie zu äußern:

Kita-Kollegin Maike ist seit einiger Zeit unzufrieden. Sie hat das Gefühl, von ihrer Chefin nicht wahrgenommen zu werden. Die Kita-Leiterin ist relativ neu in der Einrichtung, so richtig weiß Maike sie noch nicht einzuschätzen. Was sie allerdings für sich richtig einschätzt, ist ihr immer stärker werdender innerer Druck. Die Leiterin ist freundlich und nett, aber während sie mit den Kolleginnen und anderen Kindergruppen etwas unternimmt oder Zeit mit ihnen verbringt, scheint sie Maikes Gruppe und Maike selbst links liegen zu lassen. Maike glaubt, ihre Chefin mag sie nicht, sie spekuliert darauf, ihr unsympathisch zu sein. Anders kann sie es sich nicht erklären, warum die Leiterin kaum den Austausch mit ihr und ihrer Kindergruppe sucht. Dass die Kolleginnen sehr wohlwollend und freudig von der neuen Chefin sprechen, macht es für Maike noch unerträglicher. Maike wird zunehmend sauer. Der Hinweis ihrer Gruppenkollegin, doch auf die Chefin zuzugehen und das anzusprechen, wird von Maike ignoriert. Stattdessen „sammelt" Maike Beweise für ihren Unmut und ihr Gefühl, von ihrer Vorgesetzten nicht fair behandelt zu werden.

Als es schließlich zu einer internen Gruppenteamsitzung kommt, an der die neue Leiterin teilnimmt, ist Maike innerlich derart aufgeladen, dass sie am ganzen Körper bebt vor Zorn und Groll. Sie schafft es einfach nicht, das freundliche Lächeln ihrer Chefin zu erwidern als diese den Gruppenraum betritt. Gemeinsam mit ihren zwei Gruppenkolleginnen sitzt Maike am Tisch und hört zwar, wie die Tagesordnungspunkte abgesprochen werden, kann sich aber überhaupt nicht auf die Inhalte einlassen. Und als dann die Leiterin von einer geglückten Anfangsphase zu reden beginnt und in die Runde strahlt, da ist es vorbei mit Maikes Zurückhaltung.

„Also, jetzt reicht es mir aber. Jetzt MUSS ich was sagen, sonst platze ich …", ergreift Maike lautstark das Wort. Erstaunt blickt die Chefin Maike an. Die anderen Kolleginnen ziehen ihre Köpfe ein und ahnen, dass es jetzt eskalieren wird.

„Ja, Maike, Sie haben etwas auf dem Herzen, nehme ich an …?", fragt die Leiterin mit wachsendem Interesse in Maikes Richtung. Sie lächelt und blickt Maike in die zornerfüllten Augen.

„Das kann man wohl sagen …", gibt Maike mit geröteten Wangen zurück. Ihre Stimme klingt aggressiv, ihre Körperhaltung verrät Anspannung.

Rasch sortiert die Leiterin in ihrem Leiterinnenkopf die Situation ein. Sie spürt Maikes angestaute Aggressivität, kann sich allerdings spontan keinen Grund dafür vorstellen. Darum beschließt sie, ohne Wertung ins Zuhören und Anhören zu gehen.

„Dann schießen Sie mal los, Maike …", erteilt sie ihrer Mitarbeiterin das Wort.

Maike beginnt, eine minutenlange Rede zu halten, in der all ihre Unzufriedenheitspunkte auf den Tisch gebracht werden. Vorwurf über Vorwurf findet den Weg ins Freie und steht im Raum. Die Kolleginnen halten mehrfach die Luft an und melden sich, als sie denken, Maike rede sich um Kopf und Kragen, denn ihre Wortwahl und Vorgehensweise sind alles andere als angebracht. Sie haut sogar auf die Tischplatte und wirft einen Stift quer durch den Gruppenraum.

Schließlich unterbricht die Leiterin den Redefluss Maikes nur ein einziges Mal: „Das ist alleine Ihre Redezeit, Maike. Das bitte ich die Kolleginnen zu respektieren. Ich höre mir jetzt alles an, was Sie zu sagen haben. Erst wenn Sie sagen, Sie seien fertig, werden die Kolleginnen und ich das Wort ergreifen, in Ordnung?"

Sie schaut in die Runde und erntet erleichtertes Nicken. Die Gesprächsregeln stehen nun fest, die Kolleginnen entspannen sich und lehnen sich auf ihren Stühlen zurück.

Maike beginnt nach kurzem Zögern wieder mit dem Sprechen.

Der Ausbruch von Maike durchläuft unterschiedliche Stadien.

Die Chefin ist fasziniert, diese verschiedenen Stadien zu erleben und regelrecht sehen zu können, wie Maike über grenzenlose Wut, Aggression, Anklage und Vorwürfe langsam in ein Stadium der eigenen Rechtfertigung und Entschuldigung gelangt.

Von sich aus beginnt Maike damit, sich mehr und mehr zu entspannen.

Sie gibt zu, sich im Ton vergriffen zu haben und vor innerem Druck etwas die Fassung verloren zu haben.

Egal, was Maike tut oder sagt, ihre Chefin hört ihr zugewandt zu und unterstreicht ihr Interesse mit entsprechenden Gesten wie einem Nicken, Augenkontakt und ermunterndem Lächeln.

Maike tut es sichtlich gut, in ihrem Redefluss nicht gestoppt zu werden, sondern selbst entscheiden zu können, wann sie genug gesagt hat.

Die Vorwürfe und Anklagen weichen nach ungefähr 15 Minuten den Aussagen über ihre Gefühlswelt.

Maike spricht darüber, wie verletzt und zurückgewiesen sie sich fühle. Anscheinend seien alle anderen Kolleginnen der Chefin wichtiger als sie. Sie beginnt zu weinen.

Alte Wunden brechen auf. Konflikte mit Kolleginnen, die ihr in der Vergangenheit ebenfalls aus dem Weg gingen, werden von Maike geschildert. Schließlich wird Maike ruhig, sie ist erschöpft von ihrem Wutausbruch und dem lauten Sprechen. Ihre Stimme wird leiser, ihre Tränen versiegen. Man sieht ihr an, dass sie selbst von sich überrascht ist.

Denn sie dachte, in ihr schlummere ausschließlich Wut, Ärger und Aggression. Ihrer Traurigkeit wird sie sich erst jetzt bewusst.
In der letzten Monologphase beginnt Maike damit, sich mit Auswegen und Lösungen zu beschäftigen. Sie unterbreitet Vorschläge, wie die Zusammenarbeit zwischen ihr und ihrer Chefin vorangebracht werden könnte. Wo ihre Anteile am Konflikt liegen könnten. Sie räumt ein, das ganze Dilemma aufgestaut zu haben und wohl besser früher den Austausch mit ihrer Vorgesetzten hätte suchen sollen. Tja, sie sehe es selbst, dass ihre Chefin sie nie abweisend oder unfreundlich behandelt habe.
Nach ungefähr 40 Minuten erklärt Maike, sie sei nun fertig.

Das ist ein wunderbares Praxisbeispiel, wie sich Konflikte durch Lassen lösen lassen.

Natürlich hatten Leiterin und Kolleginnen wer weiß wie oft das Bedürfnis, einzuschreiten, sich zu rechtfertigen, Sachverhalte zu hinterfragen oder zu korrigieren, Nachfragen zu stellen, zu urteilen, Dinge hinzuzufügen oder auszuräumen, zu trösten, zurechtzuweisen. Wie auch immer … Durch das Redenlassen und aufmerksame Zuhören konnte Maike sich selbst spüren. Sie bekam die Zeit, die sie benötigte, um sich wieder zu kontrollieren. Um ihren Zorn und ihre Ohnmacht vor ihren Gefühlen zu erkennen und sich selbst wieder in ein inneres Gleichgewicht zu bringen. Ob das mit einem Eingreifen möglich gewesen wäre, wagen wir zu bezweifeln.

Diese Technik des Lassens eignet sich übrigens auch toll für aufgebrachte Kinder. Probieren Sie es aus!

Der Empathie-Stuhl

Mal angenommen, in Ihrem Team gäbe es eine Kollegin, die in Ihrer Kita die „rote Laterne" in ihren Händen hält. Damit ist das Schlusslicht gemeint, die ungünstigste Position innerhalb eines Teams. Die Kollegin, die aktuell am wenigsten beliebt ist – aus welchem Grund auch immer. Mangelnde Teamfähigkeit, hohe Ausfallzeiten, die jüngste oder älteste Kollegin, der einzige Mann im Team oder die Kollegin mit Kopftuch – es gibt (fast) immer und in jeder Kita jemanden mit der „roten Laterne".

Bewundernswert ist es, wenn damit professionell umgegangen wird. Wenn da eine Leiterin oder Kollegin im Team ist, die erkennt, wer die „rote Laterne" in seinen Händen hält und weswegen. Und dann einschreitet. Professionell einschreitet.

Eine Methode, dies zu tun, stellen wir Ihnen jetzt vor:

Der Empathie-Stuhl

„Ich weiß genau, wie du dich fühlst."

Die Kollegin mit der „roten Laterne" bitten Sie in einer Teamsitzung auf einen Stuhl, der in der Mitte eines Stuhlkreises steht. Die übrigen Kolleginnen sitzen um sie herum. Nun darf sie sich eine Kollegin ihrer Wahl wünschen, die hinter oder neben ihr stehen soll. – Die ausgewählte Person ist ihre innere Stimme und stützt die Kollegin.

Nun darf die Kollegin auf dem Empathie-Stuhl erzählen, wie sie sich derzeit in der Kita fühlt. Was ihr gut gelingt, worauf sie stolz ist, was alles klappt und wo es ihrer Meinung nach hakt. Ihre innere Stimme und Stütze darf Kommentare dazu abgeben, ihr Mut zusprechen, sie loben. Kolleginnen des Stuhlkreises dürfen Fragen stellen wie:

- Was bewegt dich zurzeit?
- Wo gibt es Schwierigkeiten in der Arbeit?
- Was wünschst du dir von mir als Kollegin?
- Bekommst du genug Lob?
- Wie geht es dir mit mir als Kollegin?
- Worauf freust du dich bei der Arbeit?

Zum Schluss darf sich die Kollegin auf dem Empathie-Stuhl eine Kollegin wünschen, die sich statt ihrer auf den Stuhl in der Mitte setzt. Diese wiederum wünscht sich dann eine Kollegin, die ihre innere Stimme repräsentiert usw.

Diese Übung machen Sie so lange, bis die Luft raus ist, das Ziel der Übung aber erreicht wurde: Sich in den anderen Menschen hineinversetzen zu können; das eigene Ausgrenzen einer Kollegin zu erkennen oder zu bemerken; sensibler zu werden für die Gefühle der Kolleginnen. Im besten Fall natürlich die Abgabe der „roten Laterne" an das

Außengelände, wo sie schön leuchtet und hängenbleibt – ohne dass sie sich eine andere Kollegin nimmt oder zugewiesen bekommt.

Aufstellungsübung:
Wer steht wo im Team?!

Eine weitere sehr schöne Teamübung ist die Aufstellungsübung. Sie dient dazu, ein aktuelles Bild der Arbeitsbeziehungen innerhalb der Teammitglieder zu erlangen.

Hierfür nutzen Sie den Boden eines großzügigen Raumes (Teamzimmer, Turnraum, Garten) Ihrer Kita.

An der Stirnseite des Raumes legen Sie ein lachendes Gesicht (Smiley) auf den Boden, in die Mitte des Raumes ein neutrales Gesicht und an der Rückseite des Raumes platzieren Sie ein weinendes Gesicht.

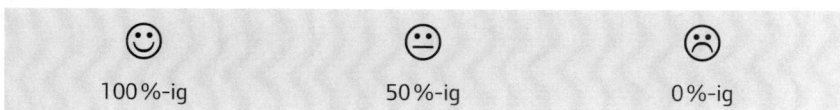

☺   😐   ☹
100%-ig   50%-ig   0%-ig

Nun werden bestimmte Aspekte der pädagogischen Arbeit benannt. Die Kolleginnen stellen sich dann gemäß den Gesichtern dorthin, wo sie sich aktuell im gefragten Arbeitsbereich befinden. So können Sie und Ihr Team bildlich erkennen, welche Bereiche vernachlässigt, ausgebessert oder anders organisiert werden sollten, damit sie funktionieren. Sie sehen aber auch, was super läuft in der Kita. Sie können Impulse und neue Ideen entwickeln, um verschiedene Arbeiten neu zu verteilen oder anders zu strukturieren. Kolleginnen, die sehr viel leisten, und Kolleginnen, die offenbar etwas weniger Arbeiten übernehmen, können sichtbar werden und sich gerechter die Arbeiten aufteilen. Folgende Fragen können gestellt werden (Beispiele):

Diese Arbeitsfelder decke ich derzeit in meiner Kita ab:
- Frühdienst
- Mitteldienst
- Spätdienst
- Andere Dienste
- Entwicklungsgespräche
- Elterngespräche
- Mitarbeitergespräche
- Vorschularbeit
- Sprachförderung
- Elternabend oder Elternaktion

- Ausflug mit Kindern
- Bewegungsangebote
- Portfolio
- Ernährungsangebote
- Projekte
- Betreuung von Praktikantinnen
- Büroorganisation
- Einkäufe für die Kita
- Gruppenübergreifendes Arbeiten
- Einspringen für Kolleginnen (krank, Urlaub, Fortbildung)
- Arbeiten am Computer
- Hospitationen innerhalb der Kita
- Hospitationen außerhalb der Kita
- Kooperation mit Grundschule(n)
- Fort- und Weiterbildung
- Lesen von Fachliteratur
- Müll entsorgen
- Aufräumen
- Raumgestaltung
- Musikalische Angebote
- Medienerziehung
- Spiele im Freien
- Spielpartnerin sein für die Kinder
- Bücher vorlesen
- Und vieles mehr!

Mitarbeiterinnen-Roulette

Auch ein sehr, sehr schöner und mutiger Impuls für die Teamentwicklung in Ihrer Kita ist das Mitarbeiterinnen-Roulette. Hierfür verständigen Sie sich als Team mit der Leiterin darauf, sich quasi vom Schicksal überraschen zu lassen, indem Sie per Losverfahren neue Gruppenkonstellationen zulassen. Jeweils eine Bezugserzieherin verbleibt in ihrer Stammgruppe, die restlichen Kolleginnen werden aus der Lostrommel von einer ausgewählten Los-Fee gezogen. Bestens geeignet ist diese spannende Teamübung für ein neues Kindergartenjahr. Ziel dieser Übung ist, innerhalb des Teams eine Haltung der Offenheit und ein Klima des wohlwollenden Miteinanders zu implementieren.

- Sind Sie als Team in der Lage, allen Kolleginnen mit größtmöglichem Vertrauensvorschuss auf eine gute Zusammenarbeit zu begegnen?
- Nehmen Sie sich als Team die Freiheit, neuen Wegen eine Chance zu geben?

- Vertrauen Sie als Team in ihre individuelle Teamstärke?
- Sind manche aus dem Team sogar froh, der Alltagsroutine zu entkommen und freuen sich auf neue Kolleginnen?
- Oder wollten Sie schon immer mal etwas Außergewöhnliches in Ihrer Kita ausprobieren?
- Traut sich Ihr Team diese Herausforderung zu?
- Stimmen Sie im Team generell über solche Dinge ab und nehmen so wesentlichen Einfluss auf die pädagogische Arbeit?
- Ist das Mitarbeiterinnen-Roulette in Ihrer Kita völlig undenkbar?
- Sind Sie als Team bereit, der Gruppendynamik unter die Arme zu greifen, in die Aktion zu gehen?
- Möchten sie Bewegung hineinbringen in den Alltag?

An Ihrer Reaktion auf diese Zeilen können Sie ganz gut ablesen, wie Ihr Team „tickt". Denn diese Übung ist zwar **einfach genial**, aber auch sehr heikel! Sie stellt an ein Team und seine Leitung ein hohes Maß an Professionalität, Spielfreude und Kreativität.

Aber falls Sie sich darauf einlassen in Ihrer Kita …, dann gratulieren wir Ihnen von ganzem Herzen! Sie sind toll! Und mutig! Wie Pippi Langstrumpf!

Und Mut tut einfach gut!

Neue Konstellationen im Team werden sich ergeben, Sie lernen manche Kollegin besser kennen, frische Energien werden im Team freigesetzt – und nicht zuletzt ist es für die Kinder und Eltern eine abenteuerliche Reise, zu der Sie sie einladen.
Und das ist wichtig beim Mitarbeiterinnen-Roulette: Informieren Sie frühzeitig die Eltern Ihrer Kita. Am besten laden Sie den Elternbeirat zu einer Sondersitzung ein. Die motiviertesten Ihrer Kolleginnen, die für das Projekt Team-Roulette brennen, begeistern die Eltern für Ihr Vorhaben. Sie schildern all die Vorteile, die das Projekt mit sich bringen wird und gewinnen die Eltern als Multiplikatoren in der Elternschaft. Falls Sie auf größere Widerstände und Bedenken stoßen … – Vielleicht kann das Projekt ja zeitlich begrenzt werden, beispielsweise auf einen Zeitraum von einem oder zwei Monaten. Danach zieht man gemeinsam eine Bilanz und entscheidet, ob das Projekt verlängert werden soll oder nicht.

Tragfähige Arbeitsbeziehungen
statt „Dreamteamfantasien"

„Wir sind ein tolles Team!" Grundsätzlich spricht nichts gegen dieses Mantra der Überzeugung. Kennen Sie ein anderes?

Was ist ein tolles Team?

Wir stellen Ihnen hier einfach einmal ein Team und seine diversen Umgangsformen vor. Ist es überzeugt davon, ein tolles Team zu sein?

Das Team der Kita Glücksland
Erzieherin Svenja ist privat mit Erzieherin Kordula befreundet. Beide treffen sich auch manchmal gemeinsam mit Tanja, einen weiteren Kollegin. Kordula ist die jüngste im Team, sie kann nicht verstehen, warum Melanie immer wieder zu spät zur Arbeit kommt. Auch Petra gehört zum Team. Sie hat die Gabe, Ungereimtheiten und Unstimmigkeiten mit Humor zu würzen und trägt dazu bei, dass schon bald wieder gelacht wird. Karin, die älteste im Team, lacht dann aber als einzige nicht mit, denn sie möchte der Sache oftmals noch einmal ernsthaft auf den Grund gehen. Karin ist zudem sehr stur, wenn einmal festgelegte Strukturen im Team verändert werden sollen. Nele versteht sich gut mit Karin. Beide arbeiten gemeinsam in einer Gruppe. Nele ärgert sich manchmal über Svenja, die immer wieder Ausreden erfindet, um den Frühdienst nicht übernehmen zu müssen. Noch ein Satz zu Melanie: Ihre Unbefangenheit im Spiel mit den Kindern lässt sich mit Worten kaum beschreiben. So liegt sie z. B. nicht selten auf dem Boden, die Beine gen Himmel gestreckt. Alle Kinder können sich dann nacheinander einmal darauf legen, um als Flugzeug davon zu schweben. Beliebt sind auch ihre selbst erfundenen Geschichten über faule Ameisen, krähende Fische und gemütliche Geistermonster. Darüber, dass Melanie Legasthenikerin ist, verliert die Leiterin niemals ein Wort!
Frau Gudrun Finke, ist Leiterin dieses Teams. Sie schätzt ihre Kolleginnen sehr. Ihre außergewöhnliche Leitungskompetenz ist auch in Fachkreisen unumstritten.

Wenn Sie diesen kurzen Einblick in ein Team lesen. können Sie erkennen, dass das ein tolles Team ist? Ja oder nein? Das Team hat längst entschieden: Ja, es ist ein tolles Team! Alle Teams sind zunächst einmal „tolle Teams". Oder gibt es mittlerweile Qualitätskriterien für ein tolles Team?

Haben Sie schon einmal etwas von einem „nicht tollen Team" gehört? Was wäre das Gegenteil vom tollen Team?

Es ist zunächst einmal egal welche Erzieherinnen in einem Team arbeiten. Stärken und Schwächen, Erfahrungen, Kompetenzen und Nichtkompetenzen treffen aufeinander. Die zwischenmenschlichen Beziehungen gilt es so zu gestalten, dass alle sich verstanden und akzeptiert fühlen Ob dies wirklich so ist, das können Sie selbst einmal für Ihre ganz eigene Teamsituation beantworten. Zunächst einmal tut es einfach nur gut, vom „tollen Team" zu sprechen! Kennen Sie ein Team, oder arbeiten Sie vielleicht in einem Team, wo alles stetig und uneingeschränkt friedlich, harmonisch, unkompliziert, wertschätzend, achtsam, tolerant und humorvoll abläuft? Kennen Sie oder arbeiten Sie vielleicht in einem Team, wo jedes Teammitglied uneingeschränkte Sympathien für jeden anderen empfindet, wo grundsätzlich wohlwollender, menschlicher Umgang an der Tagesordnung ist? Und nicht zuletzt: Gibt es nicht mindestens eine Kollegin, auch in Ihrem Team, an der Sie manchmal, aus welchen Gründen auch immer, einfach nur verzweifeln?

Sollte es der Fall sein, dass Ihr Team stets von Eintracht und Harmonie geprägt ist, sollte es sein, dass auftretende Konflikte unbeschwert und voller Neugier gelöst werden und sollte das Zusammenwirken aller mit einer wertschätzenden Haltung einhergehen, dann bitte melden Sie sich bei uns! Wir sind daran interessiert, wie Ihnen das gelingt!

Kommen wir noch einmal zur Leiterin unseres Teams aus dem obigen Beispiel zurück, Frau Finke.

Was macht ihre außergewöhnliche Leitungskompetenz aus?

Frau Finke akzeptiert alle Kolleginnen, uneingeschränkt, so, wie sie sind. Und dennoch hat Frau Finke im letzten Jahr einer Kollegin gegenüber, in Absprache mit dem Träger, mehrere Abmahnungen ausgesprochen. Der Kollegin wurde schließlich gekündigt. Der achtsame, einfühlsame und wertschätzende Umgang mit den Kindern hat für Frau Finke oberste Priorität! Mehrfach hat sie die entsprechende Kollegin darauf hingewiesen, dass ihr Umgang mit den Kindern mehr als unangemessen sei. Bestrafungen, Maßregelungen und ein mehr als lauter Befehlston den Kindern gegenüber waren an der Tagesordnung. Unterstützungsangebote, wie Gespräche und Fortbildungen zum Thema fruchteten nicht. Für Frau Finke steht fest, eine Erzieherin mit einem solchen Verhalten Kindern gegenüber hat in ihrem Team keinen Platz!
Frau Finke zeigt eine klare Haltung. Erfreulich ist natürlich auch, dass der Träger hinter ihr steht, das ist leider nicht immer der Fall!
Den Umgang der Kolleginnen miteinander hat sie im Blick. Ihre Haltung ist klar:
Jeder Mensch macht Fehler, deshalb gibt es Radiergummis an den Bleistiften!
Erfreut ist sie über die vielen stimmigen Momente in ihrem Team. Dann, wenn alles wie ein Puzzle zusammenpasst. Doch das ist in einem „tollen Team" eben nicht immer so. Manchmal, wenn es wirklich einmal brenzlig wird und auch nur dann, nimmt sie die Rolle der Konfliktbegleiterin ein. Geschickt und einfühlsam lässt sie die beiden Parteien dann zu Wort kommen. Geduldig und zurückhaltend vertraut sie darauf, dass es immer

einen Weg gibt. Dieser Weg ist nicht gleichbedeutend mit einer Lösung! Nicht selten lautet das Ergebnis: „Es gibt keine Lösung!"
Ja, Frau Finke ist im Gegensatz zu vielen anderen Leiterinnen nicht lösungsorientiert! Frau Finke ist entwicklungsorientiert! Sie glaubt fest daran, dass Probleme oder Konflikte, die gelöst werden sollen, weder durch vorausschauendes Denken noch durch Diskussion oder diverse Gespräche gelöst werden. Die Leiterin nutzt ihre persönlichen Erfahrungen: Probleme lösen sich durch ein schrittweises Annähern, durch Versuch und Irrtum, durch Experimentieren mit eigenen Verhaltensideen! Und so vermittelt sie ihren Kolleginnen „Ich kenne die Lösung nicht. Lasst uns ausprobieren, wie es am besten funktionieren kann und wenn es dann immer noch nicht klappt, dann experimentieren wir weiter!"
Und so wächst bei den Kolleginnen ganz langsam die Akzeptanz für verschiedene Meinungen, unterschiedliche Reaktionen und manchmal diffuse Vorgehensweisen.
Frau Finke lädt ihre Kolleginnen manchmal im wahrsten Sinne des Wortes zum *Nachdenken* ein.
Gibt es eine Frage bzw. eine Situation, die im Team geklärt werden soll, dann lädt sie ein, ein paar Schritte zurückzutreten von dem, was jedem spontan dazu einfällt. Sie lässt innehalten, manchmal bis zum nächsten Zusammentreffen. Sie möchte dem bewussten Denken Raum geben. Aufgrund seiner Lebensprägung, aufgrund seines bereits erworbenen Wissens hält jeder Einzelne sein Denken für richtig und absolut. Nicht selten ist dies in sprichwörtlich „erhitzten" Teamsitzungen der Fall, wenn die eine oder andere Kollegin darauf pocht, dass ihre Sichtweise die vermeintlich Beste sei.
Frau Finke möchte festgefahrene (erzieherische) Denkmuster bewusst machen, indem sie einlädt, bisheriges *„infrage zu stellen"*. Und so setzt sich jedes Teammitglied mit dem entsprechenden Thema auseinander, prüft und hinterfragt, recherchiert mal mehr, mal weniger.
Frau Finke ist darauf bedacht, dass das Team nicht stehen bleibt! Es bewegt sich auch mental weiter!

Doch die außergewöhnliche Leitungskompetenz von Frau Finke ist geprägt von einer weiteren klaren Haltung. Die Leiterin ist überzeugte „Spielerin".
Sie hat eigens für ihr Team Teamspiele erfunden. Sie ist davon überzeugt, dass sie mittels des Spiels einen sprichwörtlich spielerischen Beitrag für ihr tolles Team leistet. Nach dem Motto Teamspiel statt Teamproblem setzt sie auf einen leichten, fröhlichen Umgang miteinander, um dem Kita-Alltag und den kleinen und größeren Unstimmigkeiten der Kolleginnen untereinander Paroli zu bieten.
Frau Finke setzt auf spielerisches Lernen im Team! Sie ist überzeugt, Erzieherinnen die immer mal wieder spielerisch miteinander in Kontakt treten, lernen mittels des Spiels einander besser kennen. Toleranz und Akzeptanz können wachsen. Nicht zuletzt brauchen

Kinder Erzieherinnen, die nicht alles so ernst nehmen. Spielende Kinder lieben die *spielbegeisterte Erzieherin!*
Die Teamspiele möchten wir Ihnen natürlich nicht vorenthalten.

Das ungewöhnliche Rollenspiel

Es werden kleine Karten vorbereitet. Auf jeder Karte steht einer der nachfolgenden Begriffe (Sie können diese Liste jederzeit ergänzen):
- Optimist
- Pessimist
- Freude
- Kritik
- Ruhe
- Hektik
- Gleichgültigkeit
- Durchsetzungsvermögen
- Langsamkeit

Jedes Teammitglied zieht verdeckt eine Karte. In der folgenden Teamsitzung soll nun jeder den Begriff verinnerlichen und die damit einhergehende Haltung zeigen bzw. spielen. Entsprechend wirkungsvolle Ankersätze sind unterstützend, z.B.:
- Optimist: „Das wird gut gehen."
- Pessimist. „Das geht sowieso nicht."
- Freude: „Ich bin schon ganz gespannt darauf."
- Kritik: „Das finde ich nicht gut."
- Ruhe: „Immer ... mit ... der ... Ruhe."
- Hektik: „Beeilt euch mal!"
- Gleichgültigkeit: „Mir ist das egal."
- Durchsetzungsvermögen: „Ich möchte aber, dass wir das so machen!"
- Langsamkeit: „Eins nach dem anderen."

Stellen Sie sich nun vor, dass Sie diese Haltung sprichwörtlich verkörpern. Sie sind die Kritik, sie sind der Pessimist usw.
Und nun wählen Sie einen Tagesordnungspunkt aus ihrer Topliste, der sich für dieses Spiel eignet, z.B.: Das nächste Projekt steht an. Es soll eine Wanderung mit Eltern und Kindern geplant werden. Oder: Es soll ein Austausch darüber stattfinden, ob die Kinder in der Kita demnächst keine Süßigkeiten mehr an ihrem Geburtstag mitbringen sollen. Dann beginnt das Spiel. Eine Regel gibt es, wie es bei einem Spiel üblich ist, zu beachten. Es redet immer nur einer! Und dann geht es los. Jetzt reden vordergründig nicht Gaby, Anette, Susanne und Co. Jetzt treten die Positionen, die Haltungen in den Mittelpunkt.

Wiederholen Sie neben all Ihren Argumenten auch immer mal wieder Ihren ganz persönlichen Ankersatz, damit wird diese Spielidee so richtig lebendig!

Danach können die Karten auch noch einmal getauscht werden, jeder schlüpft in eine weitere Rolle. Können Sie sich vorstellen, wie viel Spaß das macht? Probieren Sie es aus. Begrenzen Sie die Spielzeit auf ca. 20 Minuten, das reicht.

Dieses Spiel sorgt nicht nur für Spaß im Team, es sorgt dafür, dass wir uns selbst mal wieder auf die Schippe nehmen. Statt ernsthaft nach und nach die Tops in einer Teamsitzung abzuarbeiten, spielen Sie einfach einmal zwischendurch eine Runde.

Und wenn Sie jetzt glauben, dass dies kein Ergebnis bringt, dann irren Sie. Leichtigkeit in einer Teamsitzung tritt an die Stelle der Ernsthaftigkeit.

- Der humorvolle Umgang miteinander stärkt das tolle Team!
- Die Empathie für verschiedene Sichtweisen wächst!
- Dem Ablauf und der Organisation der Wanderung sind alle einige Schritte näher gekommen. Und die Sache mit den Süßigkeiten wird mittels einer Abstimmung entschieden.

Anmerkung: Das Spiel kann offen oder verdeckt gespielt werden.

Kita-Ministerinnen

Was in der Politik möglich ist, ist auch in der Kita möglich. Stellen Sie sich vor, im Team sind mehrere Ministerposten zu besetzen. Überlegen Sie gemeinsam, wer für diese Position gut geeignet ist. Da gibt es zunächst die Gesundheitsministerin. Sie ist dafür zuständig, dass die Gesundheit der Mitarbeiterinnen Beachtung findet. So sorgt sie z B. dafür, dass jede Teamsitzung mit einer kleinen „gesunden Übung" beginnt oder endet. Sie überrascht die Kolleginnen mit einer gesunden Brotzeit und vieles mehr.

Die Anerkennungsministerin lenkt ihre Aufmerksamkeit auf die vielen kleinen Momente im Alltag, in denen eine Anerkennung für die einzelnen Kolleginnen angemessen ist. Sie verteilt, wann immer es geht, „Anerkennungen". Das können einfach nur Worte oder Bonbons, eine Tasse Tee, eine schriftliche Botschaft oder dergleichen sein.

Der Vertrauensministerin kann jeder vom Team seine kleinen Problemchen anvertrauen. Sie behält Stillschweigen darüber. Sie hat allein die Aufgabe, einfach nur zuzuhören. Sie agiert wie eine Art Zuhörengel.

Die Überraschungsministerin sorgt immer mal wieder für kleine Überraschungen.

Die Ordnungsministerin findet Wege, für eine angemessene Ordnung in den gemeinsamen Räumen zu sorgen. Vielleicht möchten Sie noch andere Ministerien einrichten, nur zu!

Das Spiel „Kita Ministerinnen" sorgt dafür, dass das Gefühl der Selbstwirksamkeit und der Selbstbestimmung im Team wächst! Klare Verantwortlichkeiten erleichtern das Zusammenleben!

Wir verkleiden uns

Verkleiden macht den meisten Kindern Spaß. Anders aussehen, sich anders wahrnehmen, sich ausprobieren, das ist Lernen pur.

Das können wir Erwachsenen bzw. wir Erzieherinnen auch, oder etwa nicht?

Es wird ein ganz gewöhnlicher Tag vereinbart, an dem die Erzieherinnen verkleidet oder besser ausgedrückt, einfach anders gekleidet, in die Kita kommen. Es geht nicht um ein bestimmtes Kostüm. Es geht darum, dass Sie sich einfach einmal anders als es für sie üblich ist, kleiden. Bunte Tücher lassen sich dazu z. B. fantasievoll und leicht umwickeln. Besonders wirksam sind auch ungewöhnliche und lustige Frisuren, so dieses möglich ist. Vielleicht tragen Sie heute sogar einen Lippenstift?

Schauen Sie einfach, was passiert.

Wie fühlen Sie sich, wenn Sie statt ihrer Lieblingsfarbe Blau an diesem Tag vielleicht kunterbunte Kleidung tragen? Wie fühlen Sie sich, wenn sie den längst vergessenen Pulli tragen, oder einen Rock, wo Sie doch Ihre Jeans so lieben?

Diese Aktion bringt ganz spielerisch eine Abwechslung in den Kita-Alltag. Können Sie sich vorstellen, wie die Kinder reagieren?

Selbstverständlich ist diese Aktion freiwillig!

Speed Dating

Kennen Sie Speed Dating? Diese Idee dient dazu, andere Menschen etwas näher kennen zu lernen. Das allein ist schon ein Grund für Kita-Teams, ein ganz eigenes Speed-Dating zu kreieren. Es eignet sich z. B. hervorragend für eine kleine spielerische Einheit an einem der Konzeptionstage. Teamsitzungen lassen sich mit Speed Dating leicht auffrischen.

Und so geht's: Im Raum verteilt steht nach Anzahl der Teilnehmer jeweils ein Tisch mit zwei Stühlen voreinander.

Auf jedem Tisch liegt ein Kuvert, in dem die Aufgabe zu lesen ist, die die beiden Personen nach Möglichkeit lösen sollen. Die Aufgaben können ganz unterschiedlich sein. Es können ganz einfach Fragen sein, die man sich gegenseitig beantwortet. Es können kleine kreative Aufgaben sein, die zeitnah ganz ohne Umstände gelöst werden können. Für jede Aufgabe haben die Teilnehmer jeweils sechs Minuten Zeit. für jeden Einzelnen somit drei Minuten. Es geht nicht darum die Aufgabe schnell zu lösen und so macht es nichts, wenn manchmal ein Duo noch nicht fertig ist. (Wichtig: nach jeweils drei Minuten erklingt eine Glocke! Nach sechs Minuten finden sich jeweils zwei neue Spielpartner.)

Mögliche Ideen dazu:

Fragen:

- Stell dir vor, du wärst Entscheidungsministerin. Was würdest du in Kitas als Erstes abschaffen?
- Was schätzt du selbst an dir besonders?
- Mit welchem Menschen bist du gerne im Kontakt und warum?
- Welches Verhalten magst du gar nicht an anderen Menschen?
- Wie kommst du zur Ruhe?
- Wie und wodurch tankst du Kraft?
- Was ist dein ganz persönlicher Beitrag fürs Team?
- Wann hast du das letzte Mal Tränen gelacht? Erzähle die Situation.
- Stell dir vor, du bist vier Jahre alt. Wie wünschst du dir deine Erzieherin?
- Stell dir vor, du hast eine übernatürliche Kraft, welche wäre das?
- Stell dir vor, du könntest dir eine beliebige Arbeitsstelle aussuchen, was wäre das?
- Du hast im Lotto gewonnen, was machst du damit?

Kreative Aufgaben:
(Die entsprechenden Materialien liegen vorbereitet auf dem Tisch)
- Malt auf diesem Blatt gemeinsam ein Bild, ohne dabei zu sprechen.
- Baut gemeinsam ein Kunstwerk aus Bierdeckeln.
- Baut gemeinsam ein Kunstwerk aus Klammern.
- Was könnt ihr mit diesen Strohhalmen anfangen?
- Schreibt euch gegenseitig einen kurzen Komplimentenbrief.
- Entwerft auf einem Plakat ein Pausenbuffet. Schreibt alles darauf, was ihr in einer echten PAUSE machen könntet!

Erlebnis statt Ergebnis: Beim Speed Dating tritt jeder mit jedem in Kontakt! Es gibt keine Bewertungen, und keine Ergebnisse. Es sind die Begegnungen und die damit einhergehenden Inhalte, die wesentlich werden.

Hart aber fair

Kennen Sie die Sendung „Hart aber fair"? Sie läuft in regelmäßigen Abständen im Fernsehen.

Zu einem bestimmten Thema werden ganz bewusst Gäste eingeladen, die die unterschiedlichsten Positionen zu dem gewählten Thema einnehmen und dazu Stellung beziehen. Ein Moderator sorgt dafür, dass die Redezeit der Teilnehmer möglichst ausgeglichen ist, indem er z. B. auch zwischendurch Fragen direkt an eine Person richtet. Aufgabe des Moderators ist es, dafür zu sorgen, dass die Teilnehmer nach Möglichkeit ausreden können. Er selbst stoppt aber, wenn nötig, einen eventuell unangemessenen Redefluss. Die unterschiedlichsten und meist kontroversen Positionen und Meinungen der Gäste werden nicht bewertet. Alle Beteiligten haben das Recht, zu einem Thema Stellung zu beziehen und auch selbstverständlich die Position des Gegenübers abzulehnen. Hart werden die Positionen vorgetragen und fair werden sie vom Moderator behandelt! Nach Möglichkeit sollten die Spielteilnehmer des Kita-Teams die Sendung kennen, damit sie einen ersten Eindruck gewinnen, worum es in diesem Teamspiel geht.

Und dann kann es losgehen. Suchen Sie zunächst ein passendes Thema, z. B.:
● Partizipation: Wann und wie sollen die Kinder mitbestimmen?
● Pro und kontra Projekte: Machen Projekte Sinn?
● Freispiel: Wo ist es geblieben?

Dann werden die *Gäste dieser Teamsendung* ausgesucht. Freiwilligkeit ist hier Voraussetzung. Wer übernimmt welche Position? Wer möchte sich in der Rolle des Moderators ausprobieren? Die anderen Teammitglieder schlüpfen in die Rolle der Zuschauer!
Das Spiel „Hart aber fair" trägt dazu bei. unterschiedliche Haltungen, Positionen und Einstellungen gleichberechtigt nebeneinander zu akzeptieren.

Alltagsgeschichten/Kurzgeschichten

Jede Erzieherin kann von außergewöhnlichen Erlebnissen berichten. Dazu zählen auch peinliche und unangenehme Situationen im Kontakt mit Kindern, Eltern oder Kolleginnen. Ist es nicht so, dass man sich dann nach Jahren köstlich darüber amüsieren kann? Tun Sie dies gemeinsam im Team! Ja, amüsieren Sie sich! Es tut einfach gut, sich hin und wieder über die kleinen kuriosen Geschichten auszutauschen und gemeinsam darüber zu lachen. Das verbindet!
Oder auch so: Gesucht werden Erlebnisse nach dem Motto: Das ist das Beste, was mir in der Kita-Zeit je passiert ist.

Der emotionale Zustand einer Leiterin hat erheblichen Einfluss auf die Stimmung im Team. Frau Finke ist sich ihrer „emotionalen Ansteckungsmöglichkeiten" vollends bewusst. Die Befindlichkeit und damit das Wohlgefühl der Teammitglieder werden durch ihre klare menschliche und spielerische Haltung positiv beeinflusst.

Anmerkung: Die Spielerfahrungen im Team sorgen dafür, dass die Spielfreude der Erzieherinnen in der Kita Glücksland im Kita-Alltag mehr denn je geweckt ist.

Auf dem Teppich bleiben: Auseinandersetzungen gehören dazu!

Ganz egal, wie wir uns bemühen oder anstrengen, wo Menschen auf Menschen treffen, da „menschelt" es eben. Ob das nun Frauen oder Männer sind, Kinder, Alte, Kranke oder Gesunde, Reiche oder Arme, Heterosexuelle oder Homosexuelle, Transgender oder Asexuelle, Künstler oder Verwaltungsangestellte, Freidenker oder Spießbürger, Deutsche oder Migranten, Sportliche oder Bewegungsmuffel, Ärzte oder Patienten, Städter oder Dörfler – überall, wo Menschen zusammenkommen, beginnt es, problematisch zu werden. Aber auch schön und gewinnbringend. Menschen brauchen Menschen, um sich wohl zu fühlen, um zu gedeihen, um sich auszutauschen. Manche brauchen dies mehr, manche weniger, wenige nur ergreifen die Flucht und suchen die absolute Einsamkeit. In Kitas jedenfalls arbeiten keine Eremiten. Hier ist das geballte gesellschaftliche Leben verankert.

In Kitas „menschelt" es wie wahnsinnig!

Und so fühlt es sich auch an, jedenfalls an dem einen oder anderen Tag.

Kollegin Moni kann nicht mit Kollegin Petra, da brennt die Luft, wenn die sich im Flur über den Weg laufen. Vater Huber hat sich über den Kollegen Manfred beschwert bei der Chefin, weil er seinen Sohn Jonathan aus der Fußball-AG ausgeschlossen hat. Die Kinder Oskar und Richard geraten ständig aneinander und reiben sich auf, bis „einer heult". Kollegin Birte ist bitter enttäuscht darüber, zu ihrem Geburtstag nur zwei kleine Geschenke von Kolleginnen erhalten zu haben – und dabei schenkt sie doch jeder Kollegin immer etwas zu deren Geburtstag.

Weil zu viele Kolleginnen erkrankt sind, müssen der geplante Ausflug und die Vorschule ausfallen – und die Eltern äußern lautstark ihren Unmut darüber, was wiederum die arbeitsfähigen Erzieherinnen stark belastet und frustriert.

Zum Elternabend, den Martina, Birgit und Patrizia so engagiert vorbereitet haben, und bei dem es vor allem um die besorgten Elternanfragen gehen soll zum Thema „Läuse in der Kita", erscheinen gerade mal zwei Mütter. Das ist Frust in Reinform, oder? Diese Liste ließe sich beliebig fortführen.

Das ist so, wie es ist. Und das darf auch so sein. Darauf haben wir nur bedingt einen Einfluss.

Es ist nicht die „Schuld" eines einzelnen Menschen, die Probleme in einer Kita hervorbringt. Es sind stets komplexe Vorgänge, die zu frustrierenden Erlebnissen führen. Und:

Nach hinten gewandt können wir auch nichts verändern.
So ist das Leben eben.

Wenn wir uns das vergegenwärtigen und aufhören damit, nach den Schuldigen, den Verursachern und Auslösern von verfahrenen Situationen Ausschau zu halten, und wir zudem wissen, dass Konflikte und Schwierigkeiten ebenso zum Leben gehören wie Gemeinschaft und Schönes, dann werden wir klarer in unserer Haltung: Es ist, wie es ist! Und langsam können wir unseren Blick wenden auf das, was kommen kann. Wir können Konflikte schwierig sein lassen, indem wir sie bejahen. Ja, das ist gerade blöd gelaufen. Ja, das tut mir weh. Ja, so war es nicht toll. Ja, ich höre Ihren Ärger. Ja, das tut mir leid. Ja, das geht sicher auch anders oder besser. Ja, das verstehe ich. Ja, ich höre mir das an. Ja, ja, ja.

Sie werden sehen wie viel leichter und besser sich das anfühlt als das übliche Von-sich-weisen, das sich ärgern, das Kämpfen, das Verneinen, das Richtig-stellen-wollen und das leidige ständig darüber reden. Wie viel Zeit geht in Kitas dafür drauf, sich gegenseitig Vorhaltungen zu machen oder „hintenherum" schlecht über Eltern, Kinder oder Kolleginnen zu sprechen?

Sparen Sie sich diese wertvolle Lebenszeit für andere Dinge auf. Akzeptieren Sie jedoch, wenn Ihre Mitmenschen dies nicht tun können. Wer weiß, vielleicht macht Ihre positive Haltung ja Schule und Sie werden zu einem lebenden Beispiel einer gelassenen Grundhaltung!

Eltern sind unerziehbar –
genau wie Kolleginnen

Da sind wir nahtlos beim nächsten Kapitel: den Eltern!

Kann Ihr Kita-Team eine Familie benennen, die alle Kolleginnen gleichermaßen hoch ansieht, die Sie alle so richtig und ausnahmslos klasse finden? Die alles richtig macht mit ihren Kindern, jedenfalls in Ihren Teamaugen?

Sicher nicht.

Doch woher kommt das?

Vor Ihrer Rolle als pädagogischer Fachkraft, die über professionelle Indikatoren weiß, wie Kinder am besten zu erziehen und zu begleiten sind, hat der liebe Gott oder wer/ was auch immer, Ihr Menschsein gestellt. Und Ihr Menschsein ist ein Universum für sich. In Ihnen befindet sich das Weltwissen ebenso wie das Unbekannte. Wir Menschen wissen sozusagen Alles und Nichts auf einmal. Wir können uns das Sonnensystem oder den Bildungsplan sinnvoll erklären – und wissen nicht, warum wir Marlene mögen und Dieter voll doof finden. Es gibt **einfach geniale** Geheimnisse, die unser Menschsein aufregend und unvorhersehbar machen.

Das große Geheimnis unserer Gefühlswelt
beeinflusst all unser Denken und Handeln.

Ob wir jemanden sympathisch finden oder nicht beispielsweise, wird sich immer auswirken auf unsere Beziehung zu diesem Menschen. Klar entwickeln wir im Laufe unseres Lebens bestimmte Muster, viele von uns haben sogar einen besonderen „Typ Mensch", den sie in freiwilligen Kontakten bevorzugen. Allerdings ist es ausgeschlossen, dass in einer Kita nur Menschen miteinander zu tun haben, die sich besonders sympathisch sind. Mit denen man auf einer Wellenlänge liegt, mit denen man sich ohne Worte versteht, oder denen man blind vertraut.

Eltern verbindet außer ihrem Elternsein zunächst einmal nichts weiter. Ihr einziges homogenes Merkmal ist die Elternschaft. Die einen Eltern behüten Kinder über, andere Eltern sind sehr locker in ihren Erziehungsmethoden. Manche Eltern stecken mitten in einem Rosenkrieg der Trennung, andere Eltern sind mit ihren vier Kindern schlicht überfordert. Es gibt Eltern, die nach drei Jahren Kita den Nachnamen der Bezugserzieherin nicht kennen. Und es gibt Eltern, die sich mehr einbringen in der Kita als den Erzieherinnen lieb ist. Es gibt coole Mütter, frustrierte Mütter, geflüchtete Mütter, besorgte Mütter, engagierte Mütter, trauernde Mütter, nette Mütter, karriereorientierte Mütter, Vollzeitmütter – und ebensolche Väter dazu. Wie soll oder kann man da als Erzieherin den Überblick behalten?

Da Sie nur EINE Person sind, können Sie auch nur als EINE Person agieren, liebe Leserin. Die Botschaften, die Sie in Richtung Eltern senden, sind IHRE individuellen Botschaften. Sie bringen die wichtigen und unwichtigen Informationen aus der Kita an die Frau und den Mann – so wie es Ihre Art ist. Sie sind nicht in der Lage, die Informationen für jede einzelne Mutter oder jeden einzelnen Vater zu individualisieren. Und umgekehrt ist es ebenso.

Sie sind, wie Sie sind. Mütter sind, wie sie sind. Väter sind, wie sie sind.

Selbst wenn Sie oder eine Mutter oder ein Vater lieber anders wären ... – beispielsweise wenn Sie lieber Heidi Klum wären, die Mutter lieber Angela Merkel und der Vater lieber Brad Pitt: Das geht nicht. Aussichtslos. Punkt.

Selbst wenn es Ihnen lieber wäre, wenn Mutter Meier so umgänglich wäre wie Mutter Müller, oder Vater Weber so sympathisch wie Vater Friese: Das funktioniert nicht. Aussichtslos. Punkt.

Selbst wenn Mutter Meier sich wünschte, sie käme mit Ihnen so toll klar wie mit Ihrer Kollegin Bianca, oder Vater Weber sich wünschte, Sie hätten eine Figur wie ein Sportmodel: Das klappt nicht. Aussichtslos. Punkt.

Und um die ganze Sache abzukürzen: So verhält es sich auch mit Ihren Kolleginnen aus Ihrem Team.

> Wir können nur uns selbst verändern.
> Die anderen bleiben wie sie sind.
> Es sei denn, sie verändern sich aus sich heraus.

3.3
Die eigene berufliche Rolle genial hinterfragen

Fulltime, halftime or something in between

Die meisten Fachkräfte in Kitas beginnen ihre berufliche Laufbahn als Vollzeitkräfte. Sie arbeiten zwischen 38 und 42 Stunden wöchentlich, in der Regel sind es 39 Wochenstunden. Das heißt, junge Erzieherinnen verbringen täglich ca. 8 Stunden in ihrer Kita. Rechnet man die Arbeitswege hinzu, erreichen nicht wenige Kita-Mitarbeiterinnen einen 9- oder 10-Stundentag in ihrer Einrichtung. Zwar sind in der jüngsten Vergangenheit die Löhne für Erzieherinnen ein wenig angestiegen, doch reicht es so mancher Kollegin gehaltsmäßig nicht, um sich auch einmal etwas wie eine Urlaubsreise gönnen zu können. Das wiederum bedeutet für Erzieherinnen, dass sie einen Zweitjob annehmen als Bedienung, Babysitterin oder anderes. Sicher sind Ihnen diverse Tätigkeiten aus dem Kolleginnenkreis bekannt, oder?

Viele Erzieherinnen wechseln mit der Zeit in Teilzeit-Arbeitsverträge. Wenn eigene Kinder oder pflegebedürftige Eltern es erforderlich machen, sind es meist Frauen, die sich kümmern und versorgen. Es sei denn, das Geld reicht nicht zum Leben aus, dann üben sich Erzieherinnen auch gerne mal in dem enorm aufreibenden Spagat zwischen Haus bzw. Wohnung, Familie und Beruf. Und das dann oft noch als Alleinerziehende. Hier möchten wir allen Müttern und Erzieherinnen einmal unsere größte Anerkennung für ihre tollen Leistungen aussprechen: Das macht ihr richtig super! Und dann backt ihr euren Kindern auch noch nachts die tollsten Geburtstagskuchen oder bastelt einen individuellen Adventskalender für die Kleinen. Wow! **Einfach genial** seid ihr!

Männer kennen diesen Spagat kaum bis gar nicht. Sie arbeiten Vollzeit und fertig. Sich um Kinder oder Verwandte zeitintensiv zu sorgen, übernehmen die allerwenigsten von ihnen. Das vereinfacht ihr Leben erheblich und macht das Leben von Frauen komplizierter, aber nicht weniger lebenswert oder erfreulich. Schließlich bedeutet ein Umsorgen anderer Menschen auch intensive zwischenmenschliche Beziehungen und ein Gefühl der Bestätigung, wichtig zu sein.

Wenn heute Mütter beruflich ambitioniert sind und sich für eine regelmäßige Ganztagsbetreuung ihres Kindes entscheiden, haben sie für die Bereiche Haushalt und Beziehungspflege einfach weniger Zeit. Zuständig sind sie aber immer noch dafür, dass „der Laden" eben läuft. Sie sind Familienmanagerinnen und ihre wichtigste wertvolle Eigenschaft wird ihr Organisationstalent. Sie koordinieren die Termine von Kindern, Lebenspartnern, Familien, Schwiegerfamilien, Urlauben und sorgen dafür, dass in Kita, Schule und Haushalt alles rund läuft. Ohne die Kitas würden ganze Familiensysteme zusammenbrechen. Leider verlaufen die Notwendigkeit von Kitas und gut ausgebildeten Kita-Mitarbeiterinnen und eine entsprechende Entlohnung und Wertschätzung nicht parallel, sondern verharren und versumpfen im Morast altbewährter Ausbeutungsschemata. Wir Frauen sind es, die den „Laden Deutschland" am Laufen halten, die Männer sind es, die den (finanziellen) Profit daraus schlagen. Aussichtslos. Punkt.

Besinnen wir uns also darauf, wie wir das Beste daraus machen können, erkennen wir unsere Wichtigkeit im „System Leben" und wenden wir unsere Augen auf unser eigenes Wohlergehen trotz oder mit den Tatsachen.

Wir möchten Frauen motivieren, sich mit einem wohlwollenden und wertschätzenden Blick zu betrachten. Dazu gehört auch, die eigenen Bedürfnisse stärker in den Vordergrund zu bringen. Geld ist beileibe nicht das wichtigste Gut. Zeit zu haben für all die Dinge, die zu erledigen sind, raus aus dem gehetzten Leben voller Termindruck … – Prüfen Sie, ob Ihre Tätigkeit in der Kita kompatibel ist mit dem Rest Ihres Lebens.

- Wie viel Geld benötigen Sie zum Leben?
- Worauf könnten Sie verzichten (und so Geld einsparen)?
- Wie viel Zeit haben Sie dafür, Ihren Hobbys nachzugehen?
- Wie „getaktet" ist Ihr Alltag?
- Werden Sie ausreichend unterstützt (privat) oder hängt alles an Ihnen?
- Entspricht Ihre Kita Ihrer Wunscharbeitsstelle?
- Fallen Ihnen Alternativen ein zu Ihrem bisherigen (Berufs-)Leben?

- Haben Sie Träume verschoben oder gar begraben?
- Was würden Sie ändern mit einem fetten Lottogewinn?

Die Erzieherinnen, die eine volle Stelle ausüben, schultern eine Kita. Bei ihnen liegt die Hauptverantwortung – in allen Bereichen, vor allem im Bereich der Öffnungszeiten und allem, was nicht unmittelbar am Kind abzuleisten ist. Das muss einer Vollzeitfachkraft klar sein. Sie steht absolut in der Pflicht. Und das ist eine große Verantwortung, die zu einer großen Belastung werden kann. Die Möglichkeit, Stunden zu reduzieren und in eine Teilzeittätigkeit zu wechseln, bietet fast die einzige Chance, sich im bekannten Berufsfeld zu verändern. Gerade, wenn Sie als Erzieherin 10, 15 oder 20 Jahre in Vollzeit tätig sind, täte eine Reduktion der Arbeitszeit gut. Und vielleicht fällt Ihnen ja eine pfiffige Lösung ein, mit der Sie zwei Fliegen mit einer Klappe schlagen können. Eine 30-Stundenstelle in Ihrer Kita, die Sie an 3 Tagen in der Woche ausüben, einen Tag haben Sie für sich zum Auftanken, und einen Tag arbeiten Sie als Kursgeberin an der örtlichen Volkshochschule – und machen ihr Talent im Kochen, Backen, Yoga oder Töpfern zu einem Zweitberuf.

DU entscheidest!

Unser Leben wird durch verschiedenste Faktoren bestimmt. Dazu zählen beispielsweise unsere Herkunftsfamilie, unsere Gene und unsere Erziehung. Zudem gibt es Unterstützer und Mentoren, die uns in unserem Leben mehr oder weniger inspirieren. All das ist die „Vorgabe" für unser Leben, auf die wir keinen Einfluss haben. Doch, wir haben es in der Hand, das Beste daraus zu machen. Nicht zuletzt sind es die tagtäglichen unbewussten oder bewussten Entscheidungen, die unser Leben formen.

Wir entscheiden ganz selbstverständlich, was und wie viel wir täglich essen und was und wie viel wir täglich trinken.

Spannend wird es, wenn wir uns die Frage stellen, was wir sonst noch so alles entscheiden, entscheiden können bzw. entscheiden könnten, wenn wir es täten!

Hier einmal ein Überblick:

Ich entscheide:
- wie und wann ich mich bewege,
- ob ich langsam oder schnell gehe,
- was ich denke,
- was ich tue,
- welche Kleidung ich trage,
- wann ich ins Bett gehe,

- wann ich aufstehe,
- ob ich Sport treibe,
- ob ich süchtig bin,
- ob ich mich selbst wertschätze,
- ob ich andere Menschen wertschätze,
- wann und wie oft ich ausgehe,
- wie ich mich pflege,
- wie ich mit mir selbst umgehe,
- ob und wann ich lächle, lache oder weine,
- wann, wie und wann ich spreche,
- wie und wann ich zuhöre,
- welchen Weg zur Arbeit ich nehme,
- ob ich ja oder nein sage,
- wann ich eine Frage stelle,
- wofür ich mich engagiere,
- wie ich auf Kritik reagiere,
- welche Werte ich lebe,
- wie viel und wie lange ich rede,
- mit wem ich Kontakte pflege,
- wie ich über mich und andere denke,
- ob ich hilfsbereit bin oder nicht,
- ob ich faul oder fleißig sein möchte,
- ob ich ehrlich oder unehrlich bin,
- ob ich hektisch oder gelassen agiere bzw. reagiere,
- ob ich etwas wage,
- ob ich mich verändern möchte,
- mit wem ich Kontakt habe,
- was ich lese,
- was ich einkaufe,
- ob ich mich in einer bestimmten Situation aufrege oder ruhig bleibe,
- ob ich mich über etwas oder jemanden ärgere oder eben nicht.

Sie können diese Liste gerne ergänzen!

> „Wir können uns nicht entscheiden, ob wir dieses Leben leben möchten, denn wir tun es bereits seit dem ersten Herzschlag. Aber wir können uns entscheiden, ob wir dieses Leben bewusst leben möchten."

Überprüfen Sie doch einmal ob Sie zu jenen Menschen zählen, die an der „Entscheide-ritis" leiden. Zugegeben, dies klingt ein wenig ironisch, doch wie oft warten wir einfach ab, dass sich etwas verändert? Wie oft ärgern wir uns, dass sich nichts verändert? Wie oft ärgern wir uns, dass andere nichts verändern?

An Erfahrungen wachsen –
auch über sich hinaus

Erzieherin Manuela ist völlig erledigt, als sie an diesem Montagabend nach Hause kommt. Ihr Freund hat lecker gekocht und erwartet sie mit einem spitzbübischen Grinsen im Gesicht, denn er hat ein neues Rezept ausprobiert, das angeblich aphrodisierend wirken soll. Als Manuela sich nach einer heißen Dusche an den Tisch setzt und sagt, sie habe gar keinen Appetit, verabschiedet sich das Lächeln im Gesicht ihres Freundes. Denn er weiß aus Erfahrung, was seiner Freundin nun gut tut und so verabschiedet er sich von der Hoffnung auf die aphrodisierenden Auswirkungen der gemeinsamen Mahlzeit. Er fragt Manuela nach ihrem Tag in der Kita und hört ihr aufmerksam zu:

F.: *„Na, mein Schatz, wie war dein Tag …?"*

M.: *„Ach, frag' nicht … – ein typischer Montag halt!"*

F.: *„Magst du mir davon erzählen und wir essen eine Kleinigkeit dabei?"*

M.: *„Okay, also …"*

Manuela berichtet von ihrem Arbeitstag. Es hatten sich morgens einige Kolleginnen krank gemeldet, da sei die Laune ihrer Chefin gleich im Keller gewesen. Immer montags das alte Spiel mit erkrankten Mitarbeiterinnen, sie – also die Chefin – sei es leid. Manuela sieht das nicht so eng, schließlich seien immer noch genug Kolleginnen da, um den Tag gemeinsam zu stemmen. Sie hatte für diesen Montag einen Elternnachmittag geplant. Und ihre Gruppenkollegin Karina war nicht erkrankt. Sie ging also davon aus, den Nachmittag planungsgemäß durchführen zu können. Karina und sie hatten vor, mit den Eltern und Kindern einen Barfußpfad im Gruppenraum zu legen und auszuprobie-ren. Sie freuten sich auf diese Aktion. Und dann. Peng! Kam Karina aus der morgendli-chen Besprechung zurück und teilte Manuela mit, sie müssten den Eltern für den Eltern-nachmittag absagen. Aus Personalmangel.

Manuela war stinksauer. Karina sagte, da könne man nichts machen und sie solle sich nicht so aufregen. Aber in Manuela brodelte es. Was konnte sie dafür, dass andere Kol-leginnen ausfielen, weshalb sollten sie ihre Aktion absagen, wenn sie und Karina doch da sind? Aber Manuela beugte sich der Anordnung der Leiterin, vor allem aber, weil Karina in ihrer harmoniesüchtigen Art auf sie einredete wie auf ein krankes Pferd. Karina wollte keinen Ärger mit ihrer Chefin haben, sie übernahm es dann auch, den Eltern abzusagen.

F.: „Was hättest du denn am liebsten gemacht in dieser Situation?"

M.: „Also, wenn es nach mir gegangen wäre ..."

Manuela hätte am liebsten mit Karina nach einer Lösung gesucht, den Elternnachmittag trotz Personalmangels durchführen zu können. Während sie das ihrem Freund erzählt, fällt ihr auch ein, wie das hätte funktionieren können. Wenn nämlich Silke und Alicia den Spätdienst übernommen hätten (statt Karina und ihr), dann wären sie frei gewesen für den Nachmittag mit den Eltern. Und sie weiß, dass Silke und Alicia das gerne gemacht hätten – das hatten sie ihr morgens im Außengelände gesagt.

F.: „Und was hältst du davon, morgen mit deiner Chefin darüber zu sprechen?"

Manuela ist sich zunächst unschlüssig. Schließlich wurde der Elternnachmittag bereits abgesagt, ist also „Schnee von gestern". Außerdem kennt sie ihre Vorgesetzte nur zu gut, sie ist auf Kritik nicht gut zu sprechen. Und irgendwie konnte sie die Entscheidung der Leiterin, das Ganze abzusagen, auch ein wenig nachvollziehen. Letztlich aber siegte Manuelas Wunsch nach einer Klärung der Situation. Sie beschloss, am nächsten Tag das Gespräch mit ihrer Vorgesetzten zu suchen.

Egal, wie das Gespräch am nächsten Tag ausgeht, Manuela beweist Mut und Beharrlichkeit, indem sie Entscheidungen kritisch hinterfragt. Sie durchbricht das geheime Jammern und Zetern, tritt aus dem Schatten des Nichtsagens heraus und sucht nach einer Klärung. Vielleicht wird es ein gutes und konstruktives Gespräch zwischen ihr und der Leiterin. Vielleicht aber auch nicht. Und klar, es hat nicht jede Kollegin einen tollen Freund zu Hause, der ein guter Zuhörer ist. Aber darum geht es uns ja auch nicht. Es geht uns darum, sich auf unbekanntes Terrain einzulassen. Ein Gespräch wagen, wo man sonst immer nachgegeben oder geschmollt hat. In die Offensive zu gehen, auch wenn einem das Herz vor Aufregung bis zum Hals pocht. Sich einer möglichen Zurechtweisung oder Kritik auszusetzen, statt devot im stillen Kämmerlein weh zu klagen und seine

Wunden zu lecken. In unserem Falle auch dem Freund ein gutes Gefühl zu vermitteln: „Hey, vielen Dank, dass du mir so toll zuhörst. Du hilfst mir dabei, nach eine Lösung zu suchen. Ich versuche, an der verfahrenen Situation mit meiner Chefin etwas zu verbessern."

Na ja, vielleicht hat sich Manuela ja auch durch den Abbau von Stress während des Essens und Redens derart entspannt, dass die Wirkung des Essens doch noch eingesetzt hat.

Hinfallen, aufstehen, Krone richten und weitergehen!

Nur wer nichts macht, macht keine Fehler. Dieses Sprichwort kennen Sie sicher. Wenn man in einer Kita arbeitet, dann kann man gar nicht nichts tun, weil einen die Kinder fordern, indem sie einfach da sind. Sie stellen Fragen, wollen versorgt werden, benötigen Hilfestellungen. Oder ist es ausgerechnet in Ihrer Kita so, dass es eine Kollegin gibt, der man nachsagt, sie mache nichts im Kita-Alltag oder drücke sich um sämtliche Aufgaben?

Uns geht es auf jeden Fall nicht um Kolleginnen, die gerne unsichtbar und passiv bleiben in Ihrer Kita. Uns geht es um SIE, liebe Leserin. Denn wenn Sie bis hier gelesen haben, zählen Sie mit an Sicherheit grenzender Wahrscheinlichkeit zu den besonders aktiven, besonders fröhlichen, besonders mutigen und extrem wandelbaren Geschöpfen, die unsere Kita-Landschaft so bunt und liebenswert machen. Sie gehören in die Kategorie der **Kita-Prinzessinnen**.

Lieber Prinzessin ohne Pferd als Erzieherin ohne Elan!

Erzieherinnen mit einer Krone stürzen sich in das Abenteuer, Kinder in ihrer Entwicklung zu begleiten. Sie setzen sich ein für deren Wohlergehen und achten darauf, dass es den Kindern nicht zu viel wird an kognitiver Förderung. Sie sind keine bloßen Kopfmenschen, sie hören auf ihr Bauchgefühl, das ihnen sagt: STOPP, das geht jetzt gar nicht, das ist nicht gut für die Kinder und nicht gut für mich. Ja, und das äußern Erzieherinnen mit einer Krone auch laut und deutlich. Bei Fortbildungen oder in der Ausbildung, wenn sie aus Erfahrung wissen, dass das, was in den Büchern steht oder was da von den Fachleuten „gepredigt" wird, gar nicht funktioniert in der Praxis. Erzieherinnen mit Krone sind nicht obrigkeitshörig oder üben sich in vornehmer Zurückhaltung. Erzieherinnen mit Krone sind sich ihrer Selbst bewusst, sie setzen sich ein für eine gerechte Welt und scheuen sich nicht, auch mal selbst eine auf die Krone zu bekommen – entweder, weil sie übers Ziel hinausschießen oder weil da jemand am längeren Hebel sitzt. Ihre Zeit wird kommen, da sich ihr Einsatz für mehr Chancengleichheit und faire Zugänge für Bildung für alle Kinder auszahlen wird. Erzieherinnen mit Krone fallen auf, sie sind wild und stecken voller Tatendrang. Sie bauen mit den Kindern, sie hören Kindern aufmerksam zu, sie beobachten genau, was Kinder brauchen und wo sie gerade stehen.

Sie fahren ihren Kita-Bildungs-Bus so lange durch die Gegend bis auch das letzte Kind von seiner individuellen Bushaltestelle aufsteht und einsteigt. Sie glauben an ihre sinnvolle Tätigkeit und daran, dass jedes Kind einen guten Lebensweg einschlagen wird. Sie verbreiten gute Laune, sie lachen viel und gerne. Erzieherinnen mit Krone fallen auch mal hin, z. B. wenn ihnen jemand ein Bein stellt, oder sie ihre eigenen Kräfte falsch einschätzen. Aber sie stehen immer wieder auf, richten ihre Krone und gehen weiter. Weil sie halt **Kita-Prinzessinnen** sind!

Private Prioritäten:
Das ist MIR wichtig!

Erzieherinnen sind hochbegabte Absagerinnen und Verschieberinnen, wenn es um ureigene Bedürfnisse geht. Termine bei Ärzten, Verabredungen zum Sport oder das Picknick mit dem Liebsten – aus Rücksicht auf Kolleginnen oder andere betriebliche Interessen stellen Kita-Fachkräfte ihre privaten Wünsche gerne mal hinten an. Das ist nicht durchweg zu verurteilen, es beweist das große Bedürfnis nach Zugehörigkeit und

Hilfsbereitschaft. Sie dürfen es sich aber rausnehmen, Prioritäten zu setzen. Schaffen Sie sich „heilige" Termine, wo im Team erst gar nicht in Erwägung gezogen wird, sie um eine Verschiebung zu bitten, indem sie einen Spätdienst übernehmen. Das Yoga um 18 Uhr am Montag, das regelmäßige Schwimmen mit einer Freundin am Mittwochabend oder der Ganztagsausflug mit ihrer Familie am Freitag – ziehen Sie solche Sachen durch. Sie dienen Ihrer Erholung, Ihrer Gesundheit, Ihrem Wohlergehen. Auch eher ungeliebte Arztbesuche sollten Sie nicht verschieben, um für eine Kollegin in die Bresche zu springen. Überlegen Sie sich in aller Ruhe, was Ihnen im privaten Bereich gut tut und wichtig ist. Sorgen Sie für ausreichend Bewegung in Ihrer Freizeit, es gibt so viele Sportarten, da ist für jede Frau etwas Passendes dabei.

Sorgen Sie unbedingt für Spaß in Ihrem Privatleben. Kino, Theater, Reisen, Lesen, Freunde treffen oder mit der Familie Zeit verbringen:

> Bitte nicht mehr Zeit mit der Arbeit verbringen
> als mit der Freizeit!

Gesundheitsprophylaxe in Eigenregie

Der Gesundheit von Erzieherinnen wird mehr und mehr Beachtung geschenkt. Und so stellen nicht nur die Krankenkassen, sondern auch einige Arbeitgeber ein vielfältiges Angebot zur Gesundheitsprophylaxe zur Verfügung.

Das alles ist zunächst einfach nur lobenswert.

Lobenswert ist es ebenso, wenn die gesundheitsbewusste Susanne aus der *Kneipp Kita Lorelei* morgens ihr Frischkornmüsli verspeist, in der Pause ihre Atemübungen praktiziert und regelmäßige Yogakurse in der Volkshochschule besucht. Doch auch Britta zählt zu diesem Kita-Team. Britta liebt Nutellabrote und Bewegung ist absolut nicht „ihr Ding". Karin, eine weitere Kollegin, könnte den „Ich mach das schon Nobelpreis " bekommen. Sichtbar überschreitet sie regelmäßig die Grenze der Belastbarkeit, ihre Rückenprobleme verdrängt sie gerne. Bleibt noch Tina, die Perfektionistin im Team. Nicht nur ihr ausgeprägter Sinn für Ordnung zeichnet sie aus; ihre Planungen, Dokumentationen und auch die von ihr geleiteten Projekte mit Kindern sind bis aufs Detail durchdacht. Tina ist tieftraurig, wenn ihr einmal etwas misslingt.

In der *Kita Lorelei,* wie auch in jeder anderen Kita ist jedes Teammitglied selbst verantwortlich für die eigene Gesundheit. Jede Einzelne trifft für sich selbst die Entscheidung. Es schließt sich hier wieder einmal eine Frage an, liebe Leserinnen: Gibt es ein Team, in dem alle Kolleginnen zu den so genannten Gesundheitskünstlern zählen? Gesundheitskünstler sind Menschen, die sich kontinuierlich gesund ernähren, sich regelmäßig sportlich betätigen, eine Entspannungsmethode im Alltag praktizieren und ganz selbstverständlich für ihr eigenes Wohlbefinden und das anderer Menschen einsetzen. Bitte melden Sie sich bei uns, wenn das für Ihr Team in Frage kommt, Wieder einmal wären wir sehr daran interessiert, wie das gelingt!

Gesundheit ist mehr als das „Schweigen der Organe". Jeder Mensch hat eine Psyche.

Neben der ganz persönlichen Haltung zu einem gesundheitsbewussten beziehungsweise gesundheitsunbewussten Leben eines jeden Teammitgliedes ist das Miteinander im Team von besonderer Bedeutung.

Das Miteinander im Team hat entscheidenden Einfluss auf die Gesundheit und das Wohlbefinden am Arbeitsplatz.

Die nachfolgenden Zeilen richten sich insbesondere an Kita-Leiterinnen. Selbstverständlich laden wir jede andere Leserin ein, diese Zeilen zu lesen, denn der Erkenntnisgewinn kann von Bedeutung sein! Und nun eine direkte Frage an Sie, liebe Kita-Leiterin.

Führen Sie krankmachend oder gesund?

Stärken oder schwächen Sie ihre Kolleginnen? In der Gegenüberstellung finden Sie einige der Prototypen für krankmachendes/krankes und für gesundheitsförderndes Verhalten. Schauen Sie einmal, welche Seite eher für Sie spricht.

Kritisieren Sie mehr, als dass Sie loben? Richten Sie Ihren Fokus oftmals auf Fehler und üben Sie gar öffentliche Kritik? Sind gute Leistungen für Sie selbstverständlich?
    oder eher
Loben Sie mehr als dass Sie kritisieren? Zeigen Sie Wertschätzung den Kolleginnen gegenüber? Freuen Sie sich über Erfolge und gehören auch Defizite selbstverständlich zum Alltag? Sehen Sie den Menschen hinter der Arbeit?

Haben Sie kein Interesse an der Person der Mitarbeiterin? Vermeiden Sie es, die Kollegin auf ein anhaltendes verändertes Verhalten anzusprechen, das Sie wahrnehmen? Bevorzugen Sie einzelne Kolleginnen, haben Sie Lieblinge?
    oder eher
Berücksichtigen Sie auch private Aspekte der Kolleginnen? Erkundigen Sie sich achtsam danach, wenn Sie ein anhaltendes verändertes Verhalten beobachten? Ist eine morgendliche freundliche Begrüßung für Sie selbstverständlich? Heißen Sie die Kollegin nach einer Erkrankung willkommen?

Treffen Sie Entscheidungen gerne allein? Geben Sie gerne Anweisungen und erwarten Sie, dass diese respektiert werden? Kontrollieren Sie ihre Kolleginnen?

oder eher

Sind Sie an den Ideen der Kolleginnen interessiert und gehen Sie darauf ein? Bitten Sie die Kolleginnen um Vorschläge und beziehen Sie sie in Entscheidungen mit ein?

Treffen Sie willkürliche Entscheidungen? Nutzen Sie das Informations- und Machtgefälle für eigene Zwecke? Zeigen Sie ein „Pokerface" im Kontakt mit Ihren Kolleginnen? Ist Ihr Tonfall von Sarkasmus und Ironie bestimmt?

oder eher

Geben Sie Informationen an Ihre Kolleginnen frühzeitig weiter? Gehört es für Sie dazu, die eigene Befindlichkeit und Meinung kundzutun? Zeigen Sie Ihr „wahres Gesicht" den Kolleginnen gegenüber, sind Sie authentisch?

Liebe Kita-Leiterinnen,

Sie können an der eigentlichen Arbeitsbelastung, die der Kita-Alltag mit sich bringt, nur bedingt Einfluss nehmen. Dennoch haben Sie es sprichwörtlich „in der Hand", durch einen „gesunden" Umgang mit den Kolleginnen zu einem „gesunden" Arbeitsklima beizutragen!

Ihre Kolleginnen benötigen nicht nur einen Personalraum, einen Raum in denen sie sich begegnen und austauschen. Signalisieren Sie, dass Sie ansprechbar sind und schenken Sie damit Ihren Kolleginnen Ihren ganz persönlichen Personal-Raum!

Und zu guter Letzt: Einen fürsorglichen Blick auf Ihre Mitarbeiterinnen können Sie nur entwickeln, wenn Sie diesen auch für sich selbst verinnerlicht haben.

Je **einfacher**, desto **genialer**.

Die Verantwortung liegt ganz bei dir.

Selbstverständlich gibt es im Kita-Alltag Dinge, die Ihnen vorgegeben werden. Das Schreiben von Dokumentationen ist dafür ein Beispiel und Ihnen fallen sicherlich noch weitere ein.

Hier gleich eine klare Haltung von unserer Seite dazu. Ja, manche der fremdbestimmten Auflagen sind mehr oder weniger kritisch zu hinterfragen. Und dennoch, gewisse Dinge gilt es, zu akzeptieren, es gilt, Kompromisse einzugehen, schließlich haben wir uns ja entschieden, in diesem System als Angestellte tätig zu sein! Und noch eine kleine Inspiration dazu: Sie können sich jederzeit umentscheiden! Wenn wirklich gar nichts mehr unserer Vorstellung von einer Arbeit als Erzieherin entspricht, dann können wir etwas Neues anstreben.

Wenn wir die Verantwortung für all unser Denken und Handeln übernehmen, werden wir handlungsfähig!

Wir können mit jeder freundlichen oder unfreundlichen Geste, mit einem Lächeln oder mit einem abwertenden Blick, mit einer wohlwollenden oder abwertenden Reaktion, mit ärgerlichen oder versöhnlichen Gedanken uns selbst, unsere Mitmenschen und unseren Alltag sprichwörtlich **„beleben"**. Die eigene Realität erschaffen wir mit unserem Denken und Handeln! Statt Opfer der Umstände zu sein, können wir damit beginnen, den Kita-Alltag schöpferisch zu gestalten.

Selbst Verantwortung zu übernehmen bedeutet, jeden Tag die Vielzahl der Minientscheidungen ganz bewusst zu wählen. Es ist an der Zeit, dem Automatismus Paroli zu bieten. Ein erster Schritt dazu kann die nachfolgende Übung sein.

Besorgen sie sich einen Flummi-Ball!

Werfen sie den Flummi auf die Erde, an die Wand oder dergleichen.

Beobachten Sie, was passiert.

Der Flummi prallt am Boden oder an der Wand ab, er reagiert auf einen anderen Gegenstand.

Wie oft spielen wir mit uns selbst Flummi-Ball. Hüpfen und springen wir nicht oftmals wie ein Flummi umher und reagieren auf die jeweiligen Umstände und Situationen im Kita-Alltag? Wir reagieren, statt zu agieren!

Gewohnte Reaktionsmuster und Routinen helfen uns, sie erleichtern den Tagesablauf. Doch wenn der Selbstbestimmung zu wenig Raum bleibt, dann breitet sich der Flummi-Effekt immer mehr aus. Wir bekommen dann einfach gar nicht mehr mit, dass wir bestimmte Dinge eigentlich ganz anders machen möchten und auch machen können.

Tragen Sie symbolisch den Flummi einmal in der Hosentasche bei sich. Halten Sie mehrfach am Tag inne, unterbrechen Sie Ihre automatischen Reaktionen ganz bewusst mit einem STOPP. Fragen Sie sich: Was genau werde ich jetzt in dieser Situation anders machen. Und dann machen Sie es!

Es lohnt sich, dem Flummi-Effekt auch im Team einmal zu begegnen. Wo reagieren wir stets automatisch? Wo und wie möchten wir mehr Autonomie lebendig werden lassen?

„Zwischen Reiz und Reaktion gibt es einen Raum. In diesem Raum sind wir in der Lage, die geeignete Reaktion zu wählen. In unserer Reaktion liegen unser Wachstumspotenzial und unsere Freiheit." (Frankl 2011, 29)

Der Tag der Entscheidung

Sie kennen das, Sie müssen sich jetzt endlich entscheiden, entweder ja oder nein? Entweder ziehen Sie in die neue Wohnung, oder Sie wohnen weiterhin in der alten; entweder Sie fahren im Urlaub an die See oder in die Berge.

Der Tag der Entscheidung dient dazu, nicht erst darauf zu warten, wann es mal wieder etwas zu entscheiden gibt. Der Tag der Entscheidung soll helfen, sich im Vorfeld ganz bewusst auf eine Veränderung im Alltag vorzubereiten. Das können und sollen zunächst ganz einfache, umsetzbare Entscheidungen sein.

Sie fragen sich, was soll das, wozu dient es?

Ganz einfach, Sie üben sich im Agieren und reduzieren damit das Reagieren!

Wählen Sie etwas aus, das Ihnen leicht fällt. Das kann beispielsweise sein:

Heute entscheide ich mich. Ich werde heute

- singen, wenn ich mich gestresst fühle,
- dem Kind meine Beachtung und Zuwendung schenken, das ich nicht so sehr mag,
- der Kollegin einen Tee bringen, mit der ich wenig Kontakt habe,
- in meiner Pause allein spazieren gehen,
- langsam gehen, langsam sprechen, langsam reagieren, langsam essen, möglichst wenig sprechen,
- den ganzen Tag mit den Kindern draußen verbringen, wenn es nicht regnet oder gerade, weil es regnet,
- statt eines Stuhlkreises ein Stuhlviereck mit den Kindern ausprobieren …

„Mit Unentschlossenheit wirst du nichts erreichen.
Es ist besser, unvollkommene Entscheidungen durchzuführen,
als ständig nach vollkommenen Entscheidungen zu suchen,
die es niemals geben wird." (Charles de Gaule)

Wechselspiel zwischen beruflicher und privater Welt

Wir können gar nicht anders, wir nehmen uns immer selbst mit zur Arbeit! Mit anderen Worten, sollten wir das Bestreben verspüren, Arbeit und Beruf zu trennen, dann ist dies mit ungeheurer Anstrengung verbunden und wie oben erwähnt, ist es auch irgendwie gar nicht so richtig möglich!

Wenn wir ständig darum bemüht sind, zu wirken, eine Jobfassade aufrechtzuerhalten, statt so zu sein, wie wir wirklich sind, dann kostet dies Kraft. Eine Erzieherin die ihre Arbeit mit ihren Stärken und Schwächen, mit ihren Macken und Interessen ausübt, die sprichwörtlich auch als Privatmensch auf der Arbeit erscheint, hat es definitiv leichter! Sie hat es leichter, weil sie sich nicht verbiegt, nicht künstlich etwas initiiert. Sabine ist vierundzwanzig Stunden Sabine und nicht acht Stunden Berufs-Sabine und die restliche Zeit Freizeit-Sabine. Sabine lässt ihr Wertesystem nicht zu Hause. Sabine macht keinen Unterschied zwischen dem Arbeits-Ich und dem Privat-Ich.

Sabine spricht selten über ihr Privatleben. Das ist ihr gutes Recht! Gerda dagegen beschreibt detailliert und ausführlich ihre Sorgen, dass ihr Sohn Ferdinand ins Krankenhaus muss. Was wir der Kollegin über uns erzählen, wem wir was erzählen und wem nicht, das ist und bleibt (wieder einmal) unsere eigene Entscheidung.

Wie viel Arbeit nehmen Sie mit nach Hause? Kann es sein, dass Sie eventuell Ihre Dokumentationen oder sonstigen Berichte lieber daheim in Ruhe schreiben? Oder sind Sie ein vollkommener Gegner dahingehend, dass die Arbeit eben auch nur an der Arbeitsstelle erledigt werden sollte? Wie auch immer dazu Ihre Einstellung aussieht, sie ist wie sie ist! Und dennoch möchten wir an dieser Stelle wieder eine **geniale** Sichtweise einspielen. Was spricht dagegen, wenn Sie den „Schreibkram" warum auch immer lieber zu Hause erledigen? Und was spricht dagegen, wenn Sie während der Arbeitszeit einfach die kleinen Zeitnischen, die vielleicht durch das Schreiben der Dokumentationen entfällt, für Ihr Wohlbefinden nutzen?

Hier Kita, da zu Hause, hier Schwarz, da Weiß, hier Hektik, da Ruhe, eine solche Trennung wiegt schwer. Können wir nicht die Kitaarbeit und das Leben daheim in ganz natürlicher Weise zusammenfließen lassen? Dadurch können wir mehr mitbestimmen, wie wir unsere Arbeit einteilen.

Wie oft schauen Sie während der Arbeitszeit auf ihr Handy, wie oft führen Sie private Telefonate? Tut es nicht gut, bei privaten Problemen und persönlichem Kummer von den Kolleginnen aufgefangen zu werden?

Wie oft tauschen Sie sich in Ihrer Freizeit mit Ihrem Partner, der Freundin oder anderen vertrauen Menschen über das aus, was Sie in der Kita erleben? Sie möchten hören, was andere dazu sagen, hoffen auf Verständnis und vieles mehr.

Gedanklich schwingen wir täglich wie auf einer Schaukel hin und her. Mal sind es persönliche, private Gedanken, die uns plötzlich beim Frühstück mit den Kindern überfallen, (stellen Sie sich dazu einfach einmal vor, dass Sie gerade frisch verliebt sind … ist doch unmöglich das Gefühl und die damit einhergehenden Gedanken abzustellen, oder?) mal sind es Gedanken an das anstrengende Elterngespräch, (Sie erinnern sich an Frau Schmittke-Steinberg?) das uns noch bis in den Traum verfolgt. Letztendlich spiegeln unsere Gedanken, dass eine echte Trennung zwischen Privatem und Beruflichem fast nicht möglich ist. Probieren Sie es einfach einmal aus. Wenn Sie es schaffen, „Gedanklich clean" zu sein, melden Sie sich bitte bei uns, wir sind wieder einmal interessiert, wie das gehen kann!

Ja sagen zu sich selbst

In Zielformulierungen von Erzieherinnen in Bezug auf die Entwicklung von Kindern steht es schwarz auf weiß: Kinder sollen selbstbewusst werden.
Doch wie steht es um unser eigenes Selbstbewusstsein? Bin ich mir meines Selbst bewusst? Anders herum könnte die Frage lauten: Kenne ich mich und mag ich mich so, wie ich bin?

Die folgende kleine Fragenreise lädt ein, sich selbst zu begegnen:
- Was fällt mir spielend leicht?
- Was geht mir einfach so von der Hand?
- Was kann ich deutlich besser als andere?
- Wobei geht mein Herz auf, wenn ich es tue?
- Wobei bin ich so vertieft, dass ich sogar Hunger, Durst und Schlaf vergesse?
- Welche Eigenschaften schätze ich an mir selbst sehr? Warum?
- Welche Eigenschaften schätzen meines Erachtens andere an mir? Welche Empfindungen gehen damit einher?
- Welche Eigenschaft wünsche ich mir? Warum fehlt sie mir?
- In welcher Eigenschaft spüre ich mein größtes Potenzial? Welche Chancen sehe ich darin?
- Wenn ich magische Kräfte hätte und mich in einen anderen Menschen verzaubern könnte, welche Person würde ich wählen? Warum?

Das Ja zu sich selbst ist DAS Fundament für den Beruf der Erzieherin. Doch das Fundament benötigt Pfeiler, damit es standhaft und kraftvoll Halt findet. Es sind die Basiskompetenzen, die eine kompetente Erzieherin auszeichnen.
Wir möchten an dieser Stelle die drei aus unserer Sicht wesentlichen Basiskompetenzen erwähnen, die neben einem unabdingbaren Fachwissen bedeutsam sind:

1 **Die Selbstkompetenz:** Gemeint ist das Bewusstsein über die eigenen Stärken und Schwächen und die damit selbstverständlich einhergehende Selbstreflexion.

2   **Der pädagogische Optimismus:** Damit ist der Glaube an das Gute im Menschen gemeint, das Wissen um die Ressourcen von Kindern. Es ist der Glaube daran, dass ich als Erzieherin dazu beitragen kann, Kinder für diese Welt auszurüsten und ihnen behilflich sein kann, ein gesundes Selbstwertgefühl entwickeln zu können. Das Wort „erziehen" kommt schließlich von educare und meint ursprünglich: herausholen, hervorholen, was in einem steckt.

3   **Die Liebe zum Menschen:** Sie muss vorhanden sein und das bedingt die Liebe zu sich selbst! Wer mit sich im Unreinen ist, hat arge Schwierigkeiten, Kinder zu unterstützen und angemessen zu begleiten. Wer mit sich selbst kontinuierlich unzufrieden ist und sich selbst nicht als wertvoll ansieht – damit ist nicht eine eventuelle lebenstypische Krise gemeint, die jeder einmal hat – der lässt seine Unzufriedenheit und das eigene Unzulänglichkeitsgefühl oft an anderen aus, sei es an Kindern oder auch an Kolleginnen.

> „Niemand weiß, was in ihm drinsteckt,
> solange er nicht versucht, es herauszuholen."
> (Ernest Hemingway)

4

Was Kinder in Kitas wirklich brauchen

Je einfacher, desto genialer

Wir befinden uns in einer sogenannten „schnelllebigen" Epoche. Die modernen Errungenschaften der Wissenschaft und Technik sind faszinierend und erschreckend zugleich. Was hat da eigentlich noch Bestand, fragt man sich manchmal? Worauf kann man heutzutage noch zählen, was war schon immer so und wird auch so bleiben? Evolutionstechnisch haben wir Menschen uns rasant weiterentwickelt. Vielleicht sind wir gerade Zeuginnen und Mitgestalterinnen einer Generation Mensch, die sich selbst überholt. Die der medialen Welt den Vorrang gibt vor der realen Welt. Kennen Sie das Bild auch: Menschen sind im Restaurant oder Theater verabredet, sitzen sich gegenüber und sprechen kein Wort miteinander? Sie wischen, tippen, scrollen an ihren medialen Welten herum und sind ganz weg von der wirklichen Welt um sie herum? Wie süchtig greifen sie immer wieder nach den mobilen Geräten und versinken in ihren virtuellen Universen. Selbst Kinder im Krabbelalter wissen um die enorme Wichtigkeit dieser Mobilteile. Sie erkennen, dass diese Geräte ihren Eltern und Erzieherinnen extrem wichtig sind, denn sie hüten sie nicht nur wie einen Augapfel. Nein, den Geräten widmen Erwachsene auch ihre ganze gezielte Aufmerksamkeit. Irgendwie müssen diese Dinger wichtiger sein als alles andere. Kleine Kinder sind ganz erpicht darauf, diese Handys und Co. zu stibitzen und daran herumzuspielen – in der Hoffnung, hinter das Geheimnis seiner Faszination zu gelangen.

> **Mal einfach genial und ganz unter uns:**
> Kinder brauchen keine virtuellen Welten. Halten Sie das von Kindern möglichst weit weg. Wenn Sie mit Kindern oder generell mit Menschen zusammen sind, dann schenken Sie ihnen Ihre volle Aufmerksamkeit, und nicht irgendwelchen Geräten ohne Herzschlag und Menschlichkeit!

Kinder möchten und benötigen Echtkontakte. Sie brauchen Berührungen, Augenkontakt, Stütze und Hinwendung. Sie freuen sich über Fingerspiele, Vorlesen, Geschichten erzählen, Tanzen und Singen. Ein Lied, das die Mama oder Erzieherin mit ihnen singt, zu dem man vielleicht sogar noch gemeinsam tanzt – und das Kind erfährt optimale Förderung. Kinder möchten, dass man ihnen in Ruhe zuhört. Kinder zeigen, was sie brauchen, ob sie hungrig sind oder müde, ob es ihnen gerade gut geht oder ob es ihnen an etwas fehlt. Kinder üben sich gerne im Austausch mit anderen Kindern. Sie wollen ihre Grenzen ausloten, sinnliche Erfahrungen machen, und sie wollen groß werden. Gummitwist, Verstecken, Kreisspiele, Märchen, Fahrradfahren, Hütten bauen, im Sand buddeln, übers Gras laufen, Blumen pflücken, Feuer machen, Pfannkuchen backen, dem besten Freund einen Kuss geben, das Frühstück mit jemandem teilen, in den Arm genommen werden nach einem schmerzhaften Sturz, Bauchweh haben vor lauter Lachen und Quatsch machen oder eine Entschuldigung für verletzendes Verhalten hören. – Kinder brauchen nach wie vor das, was auch wir brauchten und unsere Eltern und Großeltern brauchten, um gut aufwachsen zu können. Um mit unserer Erde nachhaltig und verantwortungsvoll umgehen zu können, müssen wir einen realen Bezug zu ihr und ihren Naturwundern erlangen. Marienkäfer auf der Hand sind wichtig und hilfreich dabei. Marienkäfer in der Cyberwelt können die echten einfach nicht ersetzen.

Die besten Filme schreibt das reale Leben, nicht das virtuelle Cyberleben!

Geben Sie Kindern möglichst viele natürliche Erfahrungsspielräume, solange es die Rahmenbedingungen noch zulassen. Wenn Ihre Kita über einen Garten verfügt oder Wald, Felder, Parks und Wiesen in der Nähe sind, dann begleiten Sie Kinder dorthin. Lassen Sie sie Natur, Mathematik, Gerüche, Geschmäcker, Temperaturen und Wetter draußen im Grünen erleben. Sammeln Sie mit ihnen Hölzer, Steine, Pflanzen. Lassen Sie sie Spinnen und Schnecken berühren, erzählen Sie ihnen von der wundervollen Welt, in der sie leben dürfen. Bringen Sie ihnen Respekt bei, indem Sie ihnen einen respektvollen Umgang mit unserem Planeten und seinen Bewohnern vorleben.

Kindern Vorbild sein

Neben einem individuellen Charakter sollten Erzieherinnen in ihrer Persönlichkeit den Auftrag in sich spüren, Kindern etwas mit auf ihren Lebensweg geben zu wollen. Als Fachkraft in einer Kita zu arbeiten oder als Lehrerin in einer Schule ist kein Job, der sich mit einem Bürojob oder Handwerk vergleichen lässt. Und je jünger die Kinder sind, die es zu begleiten, zu erziehen und zu bilden gilt, desto höher ihr Grad an Abhängigkeit. Es ist eben nicht gleichgültig, wie sich Erzieherinnen oder Lehrerinnen gegenüber Kindern verhalten.

Es gibt Kitas, in denen sich 3 oder 4 Jahre alte Kinder alleine und selbstständig an- und auskleiden – und dies zu jeder Jahreszeit, also auch bei Matschhosenwetter oder Schneeanzugwinter. Hier wird Kindern Zeit gegeben, sich im An- und Auskleiden zu üben, hier ist es den Kolleginnen wichtig, dass sich Kinder diese Fähigkeit antrainieren können. Sie räumen diesem wichtigen Aspekt frühkindlicher Kernkompetenzen viel Raum ein, wenn die Kinder neu in der Kita ankommen. Später, wenn diese Kinder dann 4, 5 oder 6 Jahre alt sind, werden sie sogar zu wichtigen Unterstützern für die neuen, jüngeren Kinder. Für diese Kita-Kolleginnen bedeuten An- und Ausziehen keine rein mechanischen Notwendigkeiten, sondern sie erklären das Ganze zu einem Recht des Kindes, es selbst zu tun. Sie motivieren die Kinder immer wieder durch Lob und kleine Hilfestellungen und stellen eine Kollegin ab, die mit fertig angezogenen Kindern schon rausgeht, während andere Kolleginnen so lange bei den übenden Kindern im Flur verbleiben, bis auch das letzte Kind fertig geworden ist. Einige Kinder genießen diese gezielte Beziehungszeit und ziehen das Ankleiden gerne zusätzlich hinaus. Was bei den Haltungen der Kolleginnen kein Problem darstellt. Hier fungiert das An- und Ausziehen nicht als Mittel zum Zweck des Rausgehens, sondern es ist Teil der Persönlichkeitsentwicklung der Kinder.

Es gibt Kitas, in denen die jüngeren Kinder vom Fachpersonal an- und ausgezogen werden. Oder wo ältere Kinder das teilweise mit übernehmen. Die Kleinen sitzen oder stehen passiv im Flur und lassen die Prozedur mehr oder weniger geduldig über sich ergehen. Die fertig angezogenen Kinder tollen herum, sie langweilen sich, schubsen und stören. Immer wieder die genervten Hinweise der Kolleginnen, doch mal ruhig sitzen zu bleiben und zu warten. Mützen, Schals, Gummistiefel – alles liegt kreuz und quer durcheinander im Flurbereich. Die älteren Kinder möchten den jüngeren Kindern nur ungern helfen, sie möchten einfach nur raus oder halt Quatsch machen. Das Thema An- und Ausziehen ist in einer solchen Kita ein Stressthema. Bis alle draußen sind, sind die Wangen der Kolleginnen gerötet, die Stimmen angestrengt und die Stimmung im Keller. Da muss erst einmal laut aufgestöhnt oder geschimpft werden – über die mangelnde Hilfsbereitschaft der meisten Kinder, die unmöglichen Klettverschlüsse oder über den kleinen Daniel, der genau dann, als er fertig angezogen war, und in seinem Matschanzug aussah wie das Michelin-Männchen, sagte, er müsse Pippi. Hier in einer solchen Kita fungiert das An- und Ausziehen als lästiges Übel vor dem Hinausgehen. Obschon man es eigentlich gerne schnell und zügig hinter sich bringen möchte, dauert es letztlich doch ganz schön lange. Die Kinder, die den Jüngeren helfen sollten, sehen in der gestressten und übellaunigen Erzieherin keinen Anreiz, es ihr gleich zu tun. Warum sollten sie helfen, wenn das die Laune kaputt macht? Weswegen sollte es den Kleinen Freude machen, es selbst tun zu können, wenn An- und Ausziehen offenbar so ätzend sind?

Wie Sie sich Kindern gegenüber verhalten, nimmt Einfluss auf sie. Vielleicht nicht immer den allergrößten, aber immerhin. Dessen sollten Sie und Ihre Kolleginnen sich bewusst sein. Sie surfen nicht alleine auf dem Meer Ihrer Kita, sondern Sie surfen von Kontakt zu Kontakt, von Beziehung zu Beziehung. Damit gestalten Sie die Haltungen in Ihrer Kita wesentlich mit. Gäbe es Dinge, die Sie ändern würden, wenn Sie an die alleinige Macht über Ihre Kita kämen? Dinge, die Sie anders machen oder anordnen oder sich wünschen würden als bisher?

Und schließlich:

Wer sind Ihre Vorbilder?

Selbst wenn Sie jetzt den Kopf schütteln und meinen, keine Vorbilder zu haben – das ist ein Ding der Unmöglichkeit. Wir alle brauchen Vorbilder in unserem Leben, negative wie positive Vorbilder. Wir brauchen sie als Orientierung für unser Verhalten. An Vorbildern erkennen wir gesellschaftliche Werte, Normen und Regeln. Wir suchen uns aus allen Vorbildern die Aspekte heraus, die wir zu unserer individuellen Persönlichkeit zusammenfügen. Ob das nun Romanhelden, Filmfiguren, unsere Eltern und Geschwister, Freunde oder Sporthelden sind. – Sie sind als Pädagogin auf jeden Fall ein Vorbild für die Kinder. Und damit wichtig.

4.1
Heike Heilmann

Resilienz ist, wenn man trotzdem lacht!

Als mich einmal eine Freundin fragte, was man unter dem Begriff „Resilienz" versteht, und ich nach einer Übersetzung suchte, die sich von den gängigen Übersetzungen wie „Widerstandsfähigkeit" oder „Bewältigungsstrategien" unterscheidet, kam ich auf meine Antwort mit persönlicher Note:

Resilienz ist, wenn man trotzdem lacht!

Wie ich darauf komme?

Ich finde einfach, dass es gut tut, dem Wunder der menschlichen Psyche und dem Wunder des menschlichen Gehirns nicht immer mit wissenschaftlichem Ernst und Ehrgeiz zu begegnen, sondern vielmehr mit Respekt, Staunen und Humor. Es ist eben nicht alles erklärbar, beweisbar oder manipulierbar. Was in uns Menschen hineingelangt, kommt nicht einfach so auch wieder aus uns heraus. Alle Informationen, Erfahrungen und Gefühle durchlaufen unser Wunderwerk aus Körper, Geist und Seele. Wir Menschen sind einzigartige Wesen und können dankbar sein für all die lebensverlängernden Errungenschaften, die es uns ermöglichen, zu altern, zu reifen, zu erfahren und weise zu werden. Weise zu werden, viele Ältere nennen es auch gelassen zu werden – das ist **einfach genial**! Ich für mich habe erkannt, dass das Rad nicht immer wieder neu erfunden werden kann. Dass manche Dinge einfach sind wie sie sind. Sie müssen keinem ständigen Wandel unterliegen oder modernisiert werden. Das größte Wunder ist unsere Fähigkeit zu lieben. Sie ist es, die einen Zauber auf uns legt, wenn wir vor Liebe erstrahlen. Ich bin überzeugt davon, dass Menschen ihre wahre Schönheit offenbaren, wenn sie jemanden aufrichtig lieben. Und sobald diese Liebe erwidert wird, werden wir zu den glücklichsten Wesen dieses Planeten. Verliebte Menschen sind friedfertig, kreativ, lustig, leben scheinbar von Luft und Liebe. Wenn wir verliebt sind und diese Liebe erwidert wird, spüren wir Glück in Reinform. Und da es als erwiesen gilt, sich lachend oder lächelnd wohler zu fühlen als ärgerlich oder miesepetrig, habe ich mich entschieden, dem Lachen den Vorzug zu geben in meinem Leben. Es wird mir immer ein Rätsel bleiben, weshalb viele Menschen sich für schlechte Laune und Stress entscheiden, oder warum viele Menschen in ihren ultradicken Schlitten von Autos durch die Gegend rasen. Warum man lieber für mehr Geld mehr arbeitet, wenn man doch mit weniger Geld auskommen könnte. Oder warum die Autobahnen voller Autos sind, ich bei meinen Spaziergängen in Wald, Feld und Flur aber kaum Menschen begegne. Die Fitnessstudios sind voller Menschen mit Stöpseln im Ohr, einer Zeitschrift oder einem Bildschirm vor sich; die Spazierwege und Radwege hingegen versprechen freie Bahn und kosten nichts. Aber letztlich bin ich froh, dass es so ist und nicht umgekehrt, denn ich liebe freie Wege zum Radfahren und Laufen. Am allermeisten liebe ich meinen Lieblingsmenschen Bianca Friese, der ich auf diesem Wege DANKE sagen möchte.

Das Meer der Genialität in uns Menschen

Im Laufe meines Lebens bin ich vielen Menschen begegnet. Irgendwie konnte ich in den allermeisten von ihnen etwas **Geniales** entdecken. Das **Geniale** war ihre Einzigartigkeit. Ist Ihnen schon einmal aufgefallen, dass es keine zwei Menschen mit dem gleichen Gang gibt, dass jeder auf seine Weise eine individuelle Bewegungsart hat? Wir können Menschen an ihrer Gangart erkennen. Das finde ich bemerkenswert. Oder dass wir in der Regel in unserem Leben nicht mehr als 3 bis 4 große Lieben haben. Oder 50 gute Freunde und Freundinnen. Wovon letztlich nur (mit Glück) eine Handvoll übrig bleiben. Lustig finde ich auch die Erkenntnis, dass wir meistens wissen, was uns gut tut bzw. gut täte, um dann – SCHNITT – das Gegenteil davon zu tun. Wir denken zeitlebens über Diäten, Klamotten, Besitz und Schönheit nach, und wissen dennoch, dass wir davon am Ende des Weges nichts, aber auch gar nichts mitnehmen können. Wir Menschen sind **genial** in unserer Unperfektheit. Wir tragen ein Meer oder Mehr an Möglichkeiten in uns, entscheiden uns häufig aber dafür, das Unmögliche zu wollen. Wenn wir lachen, wirkt das anziehend und ansteckend auf unsere Mitmenschen. Leider tut es das aber auch, wenn wir schlechte Laune haben und kriegerisch gestimmt sind. Das **Genialste** jedoch ist die Wahl, sich für oder gegen das eine oder das andere entscheiden zu können.

Im Laufe meiner Berufstätigkeit bin ich sehr vielen Erzieherinnen begegnet. Keine war wie die andere. Und doch wieder gibt es verschiedene Typen von Erzieherinnen, die sich untereinander ähneln. Und das ist lustig und philosophisch gleichzeitig. Ich will hier nur drei Typen kurz beschreiben und Sie, liebe Leserin, fragen, ob Ihnen der eine oder andere Erzieherinnentyp bekannt vorkommt:

Der Erzieherinnentyp: „Sonnenscheinkadett".

- Liebt Rollenspiele, Kreisspiele, Fingerspiele, Tischspiele, Sandspiele, Bücher über neue Spielideen und überhaupt ist dieser Typus extrem gerne Spielpartner der Kinder
- Sehr begeisterungsfähig und motiviert
- Sieht Konflikte oder Probleme eher locker und gelassen
- Setzt gerne Sprüche ein wie: „Es wird nichts so heiß gegessen wie es gekocht wird" oder „Lass' mal, das wird schon" oder „Komm', das schaffen wir"
- Ist Erzieherin aus tiefer Überzeugung
- Hilfsbereit
- Beliebt
- Scheinbar alterslos, weil immer aktiv und fit wie ein Turnschuh

Der Erzieherinnentyp: „Künstlerin"

- Bei ihr dreht sich alles um ihr größtes Hobby, entweder Malen, Basteln, Singen oder Musik und Instrumente, Töpfern, Handwerken, Pferde oder andere Tiere, Handball oder andere Sportarten
- Liebt es, in ihrem Bereich Projekte anzubieten
- Braucht eine Kollegin, die sich um die anderen Bereiche in der Kita kümmert, also jemanden, der ihr den Rücken freihält für ihren Schwerpunkt
- Schwebt ein wenig in ihrer eigenen, künstlerischen Welt
- Friedliebend und etwas „schrullig" oder liebenswert „verpeilt"
- Bezieht alle Kinder in ihre speziellen Angebote ein

Erzieherinnentyp: „Litfaßsäule"

- Bei ihr laufen alle relevanten und unrelevanten Informationen zusammen
- Sie weiß, was im Ort, im Team, beim Träger, den Eltern und in der Welt los ist
- Mitteilsam und wissbegierig, bestens informiert und kommunikativ
- Treue Seele, sehr verbunden mit der Kita und engagiert
- Übernimmt gerne die Betreuung neuer Kolleginnen
- Sehr gerne im Austausch mit Kolleginnen, Kindern und Eltern
- Rasche Auffassungsgabe

Gelingt es, die unterschiedlichen Erzieherinnen-Typen in ein Gesamtteam zu inkludieren, dann kann es auch gelingen, inklusive Kindergruppen zu betreuen. Wichtig ist hierbei, nicht in die Wertung zu gehen. Wer kann mit seiner Persönlichkeit was am besten in der Kita leisten, das ist eine Kunst für sich. Nicht zuletzt gibt es ja auch verschiedene Typen von Leiterinnen, die mit ihrem Menschsein in die Kita hineinwirken. Es ist ein spannendes Arbeitsfeld, so eine Kita. Und ein spannendes Leben, mein Leben.

Lustiges und Kurioses

Ich bin gar nicht die Kita

Irgendwie suche ich immer nach kreativen Lösungen, wenn ich mich beruflich gegängelt oder ungerecht behandelt fühle. Einmal, als auf dem Display meines Telefons in der Kita die Nummer eines mir unangenehmen Menschen erschien, und ich ahnte, dass mich wieder ein unangenehmes Telefonat erwartete, meldete ich mich spontan nicht mit meiner offiziellen Kita-Begrüßung, sondern mit verstellter Stimme und sagte:

„Gebäudereinigung Wischer, guten Tag."
„Äh ... wie jetzt ... ist da nicht die Kita Lutherberg?"
„Nein, Sie sind mit der Gebäudereinigungsfirma Wischer verbunden."
„Das gibt's doch gar nicht, ich bin mir sicher ... – weil ich habe über meinen Computer anwählen lassen ..."
„Tja, dann muss da beim Computer was falsch gelaufen sein."
„Meinen Sie ...? Ja gut, dann frage ich mal in der IT-Abteilung nach."

Das hat mir so gut getan, das anschließende Lachen, ich konnte auch nicht mehr an das Telefon gehen, als der gleiche Anrufer eine Minute später erneut durchrief. Wofür gibt es schließlich Anrufbeantworter?

Mit Strapsen in der Krippe

Eine Vorgesetzte verlangte von unserer Kita eine schriftliche Begründung für ein Kindersicherungsgitter, das wir in Absprache mit den Eltern und Erzieherinnen der Krippengruppe installiert hatten. Uns fehlten echt die Worte, weil es doch klar war, dass das Gitter zur Sicherheit der Krippenkinder dienen sollte, die andernfalls auf einige Gefahrenquellen im Flur gestoßen wären. Die Vorgesetzte ließ das nicht gelten und verlangte per Dienstanweisung eine schriftliche Begründung. Auf 3 Seiten führten die Krippenerzieherinnen dann aus, weshalb das Schutzgitter notwendig sei. Irgendwie glaubte ich nicht, die Vorgesetzte würde sich die Mühe machen, und die schriftlichen Ausführungen lesen, ich hatte den Eindruck, sie wollte uns lediglich drangsalieren und ihre Macht demonstrieren. Also griff ich zu einer List. In einem Absatz fügte ich folgende Zeilen ein:

„Uns Erzieherinnen ist die Sicherheit der Kinder wichtig. Aber auch der Spaß an der Arbeit soll bei uns nicht zu kurz kommen. Darum haben wir letzte Woche vereinbart, immer freitags in Vorfreude auf das Wochenende in Strapsen zu arbeiten. Das Sicherungsgitter bewahrt die Kinder davor, sich an den scharfen Kanten im Flurbereich zu verletzen. (…)

Und Sie raten richtig: Offensichtlich wurde die verlangte Stellungnahme nie gelesen, denn es kam keinerlei Reaktion.

4.2
Rita Greine

Mein Leben ist wunderbar genial

Liebe Leserinnen, liebe Kolleginnen, an dieser Stelle werde ich persönlich.

Viele Jahre habe ich als Erzieherin und Leiterin in der Kita gearbeitet. Ja, es war mein Traumberuf!

Heute bin ich mir sicher, dass die Arbeit mit den Kindern, mit den Kolleginnen und den Eltern mich zum großen Teil mit geformt hat. Die Vielzahl der menschlichen Begegnungen hat mich herausgefordert, mich unter anderem den Umgang mit Kritik, mit Lob und Wertschätzung erfahren lassen.

Während ich in den Anfangsjahren oftmals als Besserwisserin unterwegs war, entwickelte sich im Laufe der Zeit ein hohes Maß an Akzeptanz anderer Meinungen und Haltungen gegenüber. Es tut gut, nicht mehr unbedingt Recht haben zu wollen oder zu müssen. Das schließt nicht aus, dass ich meine Grenze klar definiere und zeige.

Mein Weg war voll gepflastert. Es gab dicke Kieselsteine, kleine Steinchen und es gab Geröll, alles das stand mir auf meinem Weg im Weg! Ich räumte sprichwörtlich alles beiseite.

Es gab auf meiner bisherigen Lebensreise immer wieder Haltestellen. Manchmal gefiel mir meine Lebenssituation und ich setzte mich hin. Doch irgendwie habe ich das Gefühl, dass ich immer weiter gegangen bin, immer Reisende war, sei es privat oder auch beruflich.

Ich kann nicht immer so sein, wie ich sein möchte. Aber allein, dass ich mir meiner bewusst bin, wahrnehme wie ich bin, ist ein Geschenk für mich. Ja meine Bewusstheit hat einen hohen Stellenwert für mich.

Mehr und mehr entwickelte ich mich zur Lernenden. Und es ist genau diese Haltung, die mein Leben und meine Arbeit heute bereichern.

Es ist wunderbar **genial**, andere Menschen und ihre Sichtweisen zu akzeptieren, auch wenn sie nicht mit meinen übereinstimmen.

Heute bereichern die kunterbunten Alltagsgeschichten, die ich einst erlebt habe, meine Seminare und Vorträge. Und es zeigt sich, es hat sich eigentlich nicht viel verändert. Es sind auch heute noch die „alten Kamellen", die in den Kitas ihren Platz haben. Es werden auch heute noch Pantoffeln gesucht. Es gehen auch heute noch Beschwerden der Eltern ein, dass Kinder sich schmutzig machen, ihr Brot nicht aufgegessen haben und vieles mehr. Auch heute noch gibt es die Kollegin, die keine Ordnung hält und jene, die immer wieder neue Ausreden erfindet, um den Spätdienst nicht zu übernehmen. Und nicht zu vergessen gibt es auch heute noch die Kinder, die uns ans Herz wachsen und jene, die uns herausfordern, weil sie so ganz anders sind, wie wir uns das wünschen. Und nun zum „eigentlich". Verändert haben sich die gesellschaftlichen und politischen Erwartungen und Ansprüche an die Erzieherin. Verändert hat sich der bürokratische Aufwand, seit das Qualitätsmanagement Einzug gehalten hat.

Wäre ich Bildungsministerin, was ich zum Glück nicht bin, würde ich den Bildungs-Fortschritt darin sehen, einen oder gleich mehrere Schritte zurückzugehen!

Ich möchte weiterhin neue Einsichten, Erkenntnisse und vor allem immer mehr Klarheit gewinnen. Worüber? Über mich und mein Leben! Wohin gehe ich? Das weiß ich nicht! Ich lasse mich ein. Ich lasse mich ein, auf den Tag. Ja, ich freue mich auf den Tag, ohne zu wissen, wie er wird. Ich vertraue, dass alles gut wird und ich freue mich über mein Vertrauen.

Jeder Tag ist ein kleines Leben!

Ich freue mich auf den Tag, wenn er beginnt. Na klar, habe ich Fixpunkte, wie Duschen, Kaffee am Bett, schreiben, lesen oder gar ein Seminar geben. Und doch ist es die Acht-samkeit, die mich immer mehr beflügelt. Ein Wort, ein Satz, eine Begegnung mit einem Fremden, eine spontane Geste voll aus dem Bauch heraus, das alles erfreut mich. Meine Herzintelligenz breitet sich mehr und mehr aus. Der liebevolle Zugang zu mir selbst öffnet mir die Türen für den liebevollen Umgang mit anderen Menschen. Es ist mir eine Herzensangelegenheit durch meine Arbeit, die *liebende Haltung* in den Kitas mehr und mehr in den Mittelpunkt zu rücken.

Ich bin hauptsächlich Lebensgenießerin, auch wenn es manchmal heikel wird und viel-leicht ein kleines *Alltagsunglück* mich herausfordert!

Auch heute noch halte ich den Beruf der Erzieherin für einen wunderbaren **genialen** Beruf.

Ich frage mich oft, was ich als Erzieherin heute anders machen würde als früher? Die Antwort lautet: Vieles!

Worum es sich genau handelt, wenn ich von *Vieles* schreibe, ist in diesem, wie in meinen anderen Büchern nachzulesen.

Ich freue mich darauf, dieses Buch in meinen Händen zu halten. Wie wird es sein, wenn es fertig ist?
Ich freue mich auf das Leben im Jetzt. Und ich danke Werner dafür, dass er zum rechten Zeitpunkt in mein Leben getreten ist. Und Ja, Heike Heilmann hat sowas von Recht, verliebt zu sein ist einfach ein Himmelsgeschenk.

Lustiges und Kurioses

Anbei einiges aus meiner Kitazeit-Privatbox.

Besserwisserei

Ich erinnere mich noch genau. Berufsbegleitend hatte ich die Ausbildung zur Kunsttherapeutin abgeschlossen. Zudem war ich gerade geschieden. Auch in der Kita gab es Eltern, die vor einer Scheidung standen. Es war klar: ich wusste, wie es geht und ich war ja jetzt schließlich Therapeutin.
Eine Mutter, nennen wir sie Frau Bertram, bat mich um ein Gespräch und erzählte von ihrem Trennungskummer. Wie wunderbar, dass ich mich einfühlen konnte. Eins zu eins übertrug ich meine eigens gemachten Erfahrungen auf die Situation von Frau Bertram, gab ihr gut gemeinte Ratschläge! Verdutzt war ich über den Ausgang dieser Geschichte. Ganz im Gegensatz zu mir versöhnte sich Frau Bertram mit ihrem Mann. Ich lernte dazu!

Verliebt

Ja, ich hatte mich in einen Kita-Vater verliebt. Ich weiß, das sollte man nicht, aber, es passierte. An dieser Stelle behaupte ich, dass das gar nicht so selten vorkommt. Ist das nicht allzu menschlich?

Praktikantinnen

Meine zwei definitiv ungewöhnlichsten Erlebnisse mit Praktikantinnen dürfen nicht fehlen.

Erstes Erlebnis:
Praktikantin K. rief morgens in der Kita an:
„Ich kann nicht kommen, es regnet in Strömen."
Meine Antwort darauf war kurz und knapp.
„Wir sind schon alle da und warten auf dich".

Zweites Erlebnis:

Eines Morgens betrat ich den Gruppenraum und begrüßte frohgelaunt alle schon anwesenden Kinder und Kolleginnen. Praktikantin S. sprach ich persönlich an, um zu erfragen, wie der gestrige Nachmittag gelaufen sei. Sie hatte die Aufgabe von mir bekommen, im Bewegungsraum mit einigen Kindern aktiv zu sein. „Alles war gut" lautete ihre Antwort. Ich schaute in die erstaunten Gesichter der Kolleginnen. „Gibt es etwas, was ich wissen sollte?", fragte ich neugierig. Und ob! Von den Kolleginnen erfuhr ich, dass die Praktikantin im Bewegungsraum eingeschlafen war! Die Kinder tobten währenddessen um sie herum!

Ich bat die Praktikantin in mein Büro und gab ihr zu verstehen, dass dies das Ende ihrer Praktikumszeit in unserer Kita war. Gemeinsam mit ihrem Lehrer fand zum Abschluss ein offenes Gespräch statt.

Ich frage Sie liebe Leserinnen, wie hätten Sie entschieden?

Abwarten

Erzieherin M. saß am Tisch und unterhielt sich mit einigen Kindern. Sie hatte nicht bemerkt, dass ich ihren Gruppenraum betrat. Klara, vier Jahre alt, ging auf sie zu und fragte sie: „Gehen wir gleich nach draußen?" Die Antwort der Kollegin darauf war: „Wir müssen erst einmal warten, ob es regnet!"

Schlafen

Vor fünfzehn Jahren: Ich hatte die Schlafwache übernommen. Zu meiner Aufgabe gehörte es, die jüngeren Kinder in den Mittagsschlaf zu begleiten. Völlig genervt war ich von den Kindern, die einfach keine Ruhe gaben, im Bett immer wieder aufstanden, ihre Schnuller verloren und so weiter. Meine Zurechtweisungen und Aufforderungen, dass jetzt endlich alle schlafen sollten, waren der reinste Kampf. Je mehr ich mich aufregte, umso aktiver wurden die Störenfriede.

Was tun?

Ich drehte den Spieß um. Wenn alle Kinder in ihren Betten lagen, beziehungsweise noch saßen oder auch standen, legte ich mich auf meine Erzieherinnenmatratze und sprach: „Ich bin müde, ich schlafe jetzt." Ich sprach nicht mehr. Ich reagierte nicht mehr. Es dauerte drei Tage und mein Mantra zeigte Wirkung. Die Kinder fanden nach und nach viel schneller in den Schlaf, dem Vorbild sei Dank!

Literatur

Greine, R. / Heilmann, H. (2013): Einfach Professionell! Mit pfiffigen Ideen raus aus dem Kita-Trott, Cornelsen Schulverlage, Berlin

Lendner-Fischer, S. (2004): Bewegte Stille. Stressabbau und Entspannung mit Kindern, Kösel Verlag, München

Schütz, A. J. (1998): Hawaiianisch. Kenntnis und Verständnis, Albera-Verlag, Hamburg

Filme

Bersnard, E., (2016): Birnenkuchen mit Lavendel, www.birnenkuchen-mit-lavendel.de

Fincher D., (2008): Der seltsame Fall des Benjamin Button